El Criticon, Papel Volante De Literatura Y Bellas-artes

Bartolomé José Gallardo

$\frac{45}{50}$

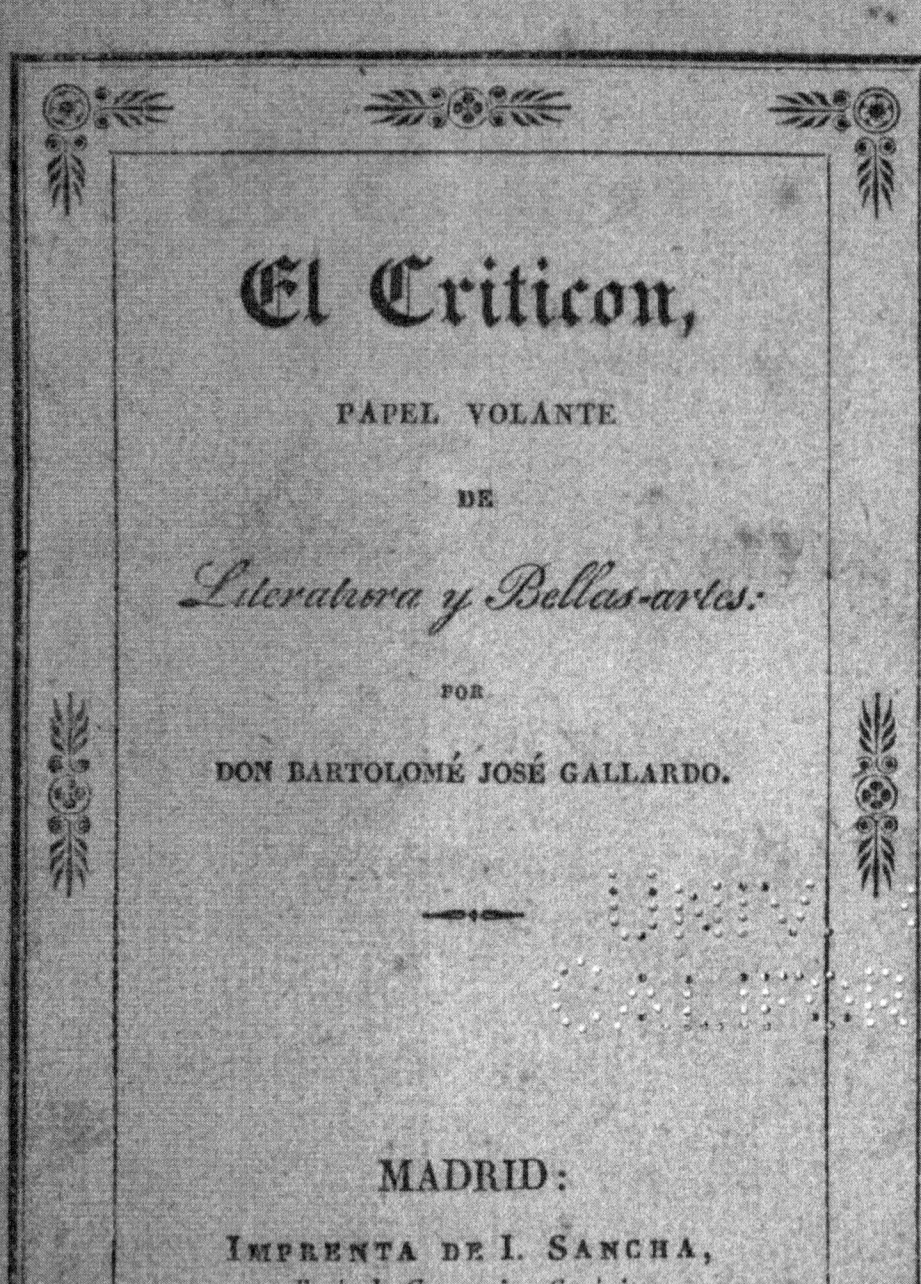

El Criticon,

PAPEL VOLÁNTE

DE

Literatura y Bellas-artes:

POR

DON BARTOLOMÉ JOSÉ GALLARDO.

MADRID:

IMPRENTA DE I. SANCHA,

calle de la Concepcion Gerónima.

1835.

El Criticon,

PAPEL VOLANTE

DE

Literatura y Bellas-artes:

POR

Don Bartolomé José Gallardo.

Criticas sufrirán: zurra i proceso
L. Moratin.

MADRID:

Imprenta de I. Sancha,

Calle de la Concepcion n.º 31.

1835.

Gallardo
A su amigo Rojo e Norza-
garami.

Prospecto.

¿Hai en España libertad de imprenta? — Cuestion es esta, que a tarabilla suelta se ventila con calor desde que, por arte de birlibirloque, tenemos los Españoles libertad de pico. Unos dicen que sí, y ótros que no; y yo llevo la contraria: (yo siempre he sido del partido de la oposicion:

> « El ánima apicarada
> Me ha dado esta libertad.) »

Mas como tódo a un tiempo soplar y sorver no puede ser; distinguiendo los tiempos del sí y del no, ajusto yo sus derechos respectivos, de forma que se guarden a la verdad sus fueros: y persuadido por reiteradas ecsperiencias de que entre dós que disputan, por marabilla está toda la razon de una handa, — jugándola de trocadilla, a los del nó digo sí, y sí a los del nó; y así gozo de mi jenio yendo contra el hilo de la jente, sin hacer gatuperio a la verdad.

En este presupuesto, respondiendo a los que están por el nó, sostengo que en España, desde que hai letras de molde, hai libertad de imprenta: pe-

*

ro esta libertad no la ha gozado sino quien ha podido. En esto como en todo, siempre el que más
puede, hace de su gusto lei: y llevándosele al prepo-
tente entre nosotros los Escritores tucioristas, han
tenido en todos tiempos carta-blanca para imprimir
cuanto les ha venido en talante, en especial contra
los mal-quistos del mas fuerte.

El mas fuerte sobre todos los Españoles en el
reinado anterior al del carísimo Rei y Señor nuestro que ha ido a gozar de Dios, era D. Manuel de
Godoi; y a su sombra los Estalas, los Melones...
(como después los Pepinos en tiempo del Intruso)
gozaban de absoluta libertad de lengua, de pluma
y de prensa; mientras los que éstos apodaban de
Fernandistas y Empecinados, como pájaros en muda, cuando están pelechando, cerraban su piquito,
y largaban la pluma.

Mas: en aquel interregno de horror, de sangre
y esclavitud por un lado, y por el revérso de he-
roïsmo, de libertad y de gloria, en Madrid había
amplia libertad de imprenta para imprimir perre-
rías contra el Rei Fernando y sus leáles; como los
leáles la teníamos en Cádiz, nominátin contra el
despotismo Napoleónico, contra los traidores y su
Rei D. Pepe.

En el reinado pasado los mas recios en poder
(gracias a Macarandona!) fueron por muchos años
y malos Tadeillo y su pretendido u pretendiente de
Rei el Rei In-pártibus. Volvióse (gracias a Ramas!) la tortilla; y ahora ya sin temor de la bula,

contra tal Rei y tal Roque se pregonan por plazas
y calles todos los dias a grito herido, impresas tales
cosas; que aun por soñar la mínima de ellas hubiera el dia de ayer la Golillesca consabida puesto en
la argolla, y aun mas arribita, a cualquier pobre-
te. ¡Dios nos libre!

Pues en el dia ¿quién osará negar que hai libertad de imprenta, mácsime desde que el gran Injenio de Motril, que tan buena mano se da para
esto de fomentar, nos fomentó este ramo de industria? Mas con toda la libertad que hai para quien
Dios es servido, estoi seguro como de que tengo de
morir, de que (y aquí entra mi nó contra el si) ha
de faltar para mí que, siguiendo aquel proverbio
griego *El que está cerca de Júpiter, no está léjos
del rayo*, nunca he sido de los mas allegados a los
que privan y mandan.

Bravas ganas me he pasado de echar de molde
a volar por ese mundo adelante cuatro verdades pe-
ladas en materias de Estado y buena gobernacion;
y de hacer al respetable Público otras tantas pre-
guntitas sueltas sobre esto que anda. En únas y ótras,
siguiendo mi costumbre de no disparar nunca al
aire, había de tirar a vent na señalada; como hubo de hacerlo en la de márras mi compadre NUÑO
VERO. Mas por la polvareda que el papel de éste
levantó, es visto que la política *ad-hoc* y los argu-
mentos *ad-hóminem* no prueban de lo mejor en estas calendas: de política vaga y discursazos huecos
y ampulosos eche U· recado largo!

Otro-sí: de nada de esto, según la léi, se puede imprimir letra sin previa censura: que vale tánto como decir que en estos puntos, como en otros múchos de los mas importantes, no hai libertad de imprenta: ni la Censura me la daría a mí tampoco por mi linda cara para lo que deséo imprimir. Por esta razon potísima he desistido del empeño que tuve mui encasquetado, de publicar un periódico, titulado *El Jeremías político.* +

Otra obra de este género siento sobre tódo no poder imprimir ya, ni con censura ni sin ella; un *Panegírico del* ESTATUTO REAL; con una (nó dedicatoria, porque parece que para dedicatorias no tengo la mejor mano; sino una) felicitacion al Ecsmo· Señor Martinez de la Rosa, mi antiguo amigo, por la buena parte que parece le ha cabido en la composicion de esa obra máestra de política positiva, que hará época en España, e inmortalizará la memoria de su Ministerio (número dos.)

El ESTATUTO REAL es un escrito que con poco tecsto deja grandes márjenes a la glosa de nuestros tátara-nietos; ya que a sus tátar-abuelos no nos ha sido permitido sino llegar y besar como reliquia ese papel bendito, que desde luego se nos dió, por gracia gratis-data, a besar y venerar como papel de induljencias.

Hecho así punto de fe política el ESTATUTO REAL, no nos es dado a los que blasonamos de fieles, sino cerrar los ojos y creer, y creer para obedecer como artículos de Fe sus artículos: so pena de hacernos no ménos sospechosos en la fe política, que en la Católica pudiera hacerse en tiempo de los Moriscos todo fiel cristiano que osase insinuar la mínima duda contra los artículos del *Estatuto de limpieza*, que estableció en Toledo el insigne Cardenal Martinez Guijarro. — No juguemos con candela: este asunto es mui vidrioso en unos tiempos tan climatéricos en esto de tomar de una mano a ótra por pullas los elojios.

Considerándome, pues, de hecho sin libertad de imprenta para estampar los desengaños provechosos que quisiera, en órden al buen gobierno de la república civil, y al premio y al castigo de los málos y de los buenos; acójome a la República Literaria en la parte libre que me deja el *Real decreto de 4 de enero sobre impresion, publicacion y circulacion de libros*, para imprimir de mi cuenta y riesgo en puntos de Literatura y Bellas-artes todo cuanto me venga al majin respecto a escritos y Escritores.

Protesto sin embargo, para salvaguardia de lo que dejo arriba dicho tocante a libertad de imprenta, que yo, si digo que no tengo la que he menester, nó por eso hablo contra la que hai. Nó en mis dias: la desgracia de tantos años me ha hecho tan agradecido, que doi gracias hasta al Diablo por el mál que no me hace; cuanto más a Dios bendito por los bienes que me dispensa. Sobre todo, el marido prudente, por mas defectos que en su costilla advierta, no hable mál contra quien á la noche ha de partir su lecho yaciendo con él en uno con la bendicion de Dios.

Antes de empuñar la vara censoria prevengo que, sin blasonar de que mis críticas hayan de ser siempre nuevas, no siempre lo serán las obras, sobre que recaiga el juicio crítico: éste se ejercitará lo mismo sobre las obras corrientes, que sobre las obras corridas. Hago esta salva, porque no coja de antuvion el verme luégo poner como nuevos a Escritores y escritos que parecia estaban ya como pasados en autoridad de cosa juzgada. Los errores no gozan derecho de prescripcion: los Autores que yerran, son deudores perdurables de sus lectores, y tienen siempre causa abierta en el Tribunal de la Crítica:

« El que imprima necedá —,
Dalas a censo perpe —. »

Traslado a Cervántes: éste es fallo sin apelacion.

De otra cosa debo ántes con ántes prevenir a mis lectores, para que advertidos, despues no se escandalicen, si en esta obra vieren citados llana-mente a algúnos tenidos en el mundo por grandes personajes. Las funciones que los Escritores puedan ejercer en el mundo, no les dan ningun fuero privilegiado en el Orbe Literario: en los tribunales de Minerva aparecen como Literatos pelados. El Ecsmo Señor D. Javier de Búrgos - Olmo - Gonzalez - Felipe - Corréa - Salazar - Melero &c. (por no ir mas léjos) ¿quién puede negar que en la actual Monarquía Española sea un personaje de primera cate-

goría, Prócer hoi, ayer Ministro &c, &c? Pero eso
no obstante, bien puede ser en la República Literaria un ministril; y siéndolo, habrá (mal de su
grado) de ser tratado como tal. Nuestro buen Rei
Felipe IV, es bien sabido que se entretenía en com-
poner Comedias; y a buena fe que, Rei y todo,
el paso que no gustaba, se le silbaban en las tablas,
sin que a la mosquetería de silbantes se les pro-
cesase por ello, como a reos de lesa Majestad. En
suma los Críticos están en posesion de tratar a los
Escritores en vida tan llana-mente, como los His-
toriadores a los Reyes despues de muertos.

Como quiera, de lo que puede el respetable Público estar bien persuadido es, de que, mal que bien,
siempre desempeñaré a lei mi oficio, trabajando (segun la ecspresion feliz del Matusalen de los Sabios de
Francia *) «en conciencia»: y de que mis críticas
demostrarán que los Autores que critique, no los
he leido a sobre peine, sino que les he desenhetrado
la cabellera pelo a pelo, sin dejarles cañon sin
carda. Yo no soi de aquellos lectores de volatería
que, como pajaricos de rama en flor, saltan aquí
y pican allí, y sin hacer apénas mas que menear
algunas hojas, se dejan al fin lo mejor del libro
intacto. Cuando yo, puesto de codos, tomo un libro por mi cuenta, arde toda chamiza sin distin-
cion de verde ni seco: tódo lo llevo abarrisco,

_____

(*) FONTNEL, que con ser Académico y Poeta, vivió
cien años.

sin dejar letra por leer: aprobaciones, tasa, fe de erratas, prólogo, dedicatoria, licencias, privilegio del Rei (si le hai): en fin yo me le leo y releo todo, desde la anteportada hasta el laus-deo.

Cero, y van tres: otra prevencion. — En mis críticas se leerán de vez en cuando, a vuelta de la censura de los escritos, algunas personalidades acerca de sus Autores. — «¡ *Personalidades* !» estoi oyendo esclamar aquí a ciertos Hipercríticos de trahilla escandalizados. — «Sí, Señores mios: *personalidades*.» Yo quiero desengañarlos de un grande error en que viven algunos que, estremando el rigor de la Crítica, creen que entre el Escritor y el hombre hai una muralla de separacion impenetrable. En hora buena pida el buen criterio que de la persona al Autor, ni del Autor a la persona no se hagan falsas y violentas inducciones: cual sería la del que imajinase que un Pintor feo no puede pintar una Dama hermosa; o que no puede hacer un vestido de buen talle un Sastre jorobado.

Pero cuando la causa de los aciertos, o de los yerros del Escritor está en el hombre; ¿por qué no ha de ser lícito trascender del Escritor al hombre, e inquirir en el hombre la raiz y razon primordial de todo? Pongamos ejemplo en una cosa mui comun. Si un Escritor, aunque sea Académico, no escribe bien su lengua, porque carece de buenos estudios académicos, o por no haberse, como debiera, aplicado al de la ciencia y arte de la palabra, ni a la lectura refleja y habitual de nuestros Clásicos, – ¿por qué al tachar sus gazafatones, no se ha de decir claro «El Escritor Tál escribe mal su lengua, porque no la ha estudiado; u porque la ha estudiado mal?»

Es mui ordinario ademas, cuando algun Crítico censuron, de los que no brillan en el mundo más por el ecsplendor de su fortuna, que por sus propias luces, se particulariza con alguno de esos Ilustres, mimones de Pluto y de la Diosa Ciega, (como verbi-gracia, mi Ilustre Mecénas el Ecscmo· LITERATO DE ORO, arriba citado) achacar a la envidia sus censuras. Y como yo en las mias será mui factible que asesté mis tiros a los altos capitolios (los rayos suelen acometer a las torres mas altas); de ahora para entónces declaro aquí en lei y en conciencia que no hai silla curul, palacio, ni alto puesto, a que yo no anteponga mi rincon, mi llano escaño, y la independencia de mi alma, libre como el éter de los cielos. Porque úna por una, quiero que el lector entendido entienda y sepa (aunque el saberlo no le importe a él mas, que a mí el que no lo ignore) que en cuanto a empléos mi divisa es este verso de Ullóa:

« Yo no quiero ser nada sin ser mio.»

AVISO.

Este papel, por ser en tódo libre, no estará en su publicacion sujeto a periodo fijo; es decir, que no será periódico: saldrá por números sueltos, en 8.º, de sobre 50 pájinas (mas, o ménos, segun lo que arrojen de sí los discursos: que éste no ha de ser el lecho de Procusto.)

Se abre por ahora subscricion a 12 números (su precio 32 rs.) en MADRID librerías de Sanchez y de Razola, BADAJOZ viuda de Carrillo, BARCELONA Bérgnes, CADIZ Hortal, CORDOBA Manté, GRANADA Sanz, MALAGA viuda de Aguilar, OVIEDO G. Longoria, SALAMANCA Reyes, SANTANDER Otero, SANTIAGO viuda de Compañel, SEVILLA M. Caro, TOLEDO Hernandez, VALENCIA Navarro, y ZARAGOZA Yagüe.

El Criticon.

1.er Núm.

~~~~~~~~~~~~~~~~~~~~~~~~~~~~~~~~~~~~~~~

LA TIA FINGIDA ¿es novela de Cervántes?

*Peregrinas especies, con esta ocasion,
tocantes a la novela, las novelas, el Quijote,
y su Autor inmortal.* (*)

❦

Cuando se atraviesa el honor de un Injenio Español tan privilejiado como el de
CERVÁNTES, hasta las piedras hablan; cuanto más los mudos que no lo son a nativi-
tate. Reducido años hace a aquel linaje de
discreto silencio que recomienda el refran
morisco, un empeño de honor me le hace

_____

(*) Este papel, escrito para el periódico titulado *Cartas Españolas*, a ruego de D. Serafin Calderon, por cuyo medio se estamparon allí ótros de
la misma pluma, no llegó a imprimirse; porque
no podía por su volúmen salir sino a pedazos, como en parto revesado niño muerto.

I

hoi romper desapoderadamente. Ha penetrado hasta mi rincon, mediante el periódico *Cartas Españolas*, en un artículo curioso, titulado *Cuestion literaria sobre una novela de* MIGUEL *de* CERVÁNTES, la noticia de que se quiere disputar al Autor del Quijote la propiedad de la última de las obras póstumas que, a juicio de peritos, le tiene adjudicado el consentimiento jeneral : y ese empeño me pone a mí en el de salir al quite.

Tal pretension, en verdad, aunque mas carezca de razon, no carece de ejemplo. Ya en tiempos se le intentó despojar de la posesion pacífica, en que por espacio de casi dos siglos estaba, de ser Autor de las obras mismas, de que él en vida, estampándolas por suyas con su nombre, había declarado serlo. ¡Petulancia chocante avilantarse a sonrojar barba a barba a un hombre honrado acusándole de que no es padre de sus hijos : y arrojo temeron, sobre todo, motejar de injenio memo a un CERVÁNTES!!

En el nuevo tiro que se le hace, no se ecstrema tánto el desacato : pero al fin fin se le tira a defraudar de una de sus obras. En efecto, el novísimo Editor de las Novelas de CERVÁNTES en Barcelona, con mui buena cortesía, si se quiere, sale ahora con sus manos lavadas a aliviarle (como si dijéramos) del peso de la capa, a título de que tan pobre capa no puede ser prenda de tan jentil Caballero: que es un fino modo ¡por mi fe! de dejar a un hombre de bien, a ciencia y paciencia de Dios y del mundo, en cruz y en cuadro.

Yo no diré que la de que se trata de despojarle, sea la gala mas rozagante de tan bizarro Ingenio: pero tanto como que sea un sambenito que le deshonre, no me lo podrá persuadir quien no presente mejor recado de razones, que las que ha producido la parte contraria. — Pero ahorrémonos ahora de razones, y vamos al hecho.

El hecho es que el citado señor Editor de la coleccion de *Novelas escogidas,* que se imprime en la oficina de los Señores Bérgnes y Compañía con la nitidez y primor que distingue sus impresiones, pretende que la novela de *La Tia fingida* no es de CERVÁNTES.

Cuando el año 87 del siglo pasado se pretendió por el *Corréo de los Ciegos* que

✳

tampoco lo era la de *El Curioso impertinen-te*, alegando que "CERVÁNTES la tomó de"... (la *Silva curiosa* de Julian de Medrano) "no creyendo había inconveniente, o *per-suadido a que no se descubriría el hurto*"; salió a la defensa, de embozado a embozado, contra el de la carta ciega (que algúnos creen de puño del Abate Estala) el Bibliotecario Sanchez con unas *Notas*, llenas de pican-te jocosidad y donaire : imprimiéronse en la oficina de Sancha, donde tánto bueno se ha impreso y reimpreso en honra de la literatura y lengua Española. Estas breves *Notas* son en mi dictámen, de lo mas fe-liz que en su linea se ha escrito en Caste-llano ; aunque entren a la competencia *Los Cata-riberas* de Salazar, el *Prete Jacopin* del Condestable, *La Perinola* de Quevedo, y *El Bodoque* de Moret. Es verdad que su adversario había dado contra sí al donoso Sanchez mui buen juego.

Mi empeño es mui desigual : allí se negaba á CERVÁNTES (suponiéndole razones que en boca de un páparo u de un aljamel serían zafias) que fuese Autor de una obra, que a la faz del mundo había él declarado por suya. Aquí, con razones mas o ménos aparentes, pero finamente alegadas; se intenta persuadir, por honor del mismo CERVÁNTES, que es ajena una obra, que la voz jeneral le atribuye; pero que él nunca dijo ser suya propia. El Editor, pues, no las ha directamente con CERVÁNTES; sino contra los que opinamos que es tan de CERVÁNTES *La Tia fingida,* como lo es *El Curioso impertinente.*

La buena fe, ademas, pide que los valedores de la opinion que el nuevo publicador de esa obra reprueba, confesemos que para justificar ser CERVÁNTES, y nó otro, el padre de esa triste hija de la Piedra, no podemos alegar derecho mas valedero, fuera del de haber nacido en sus dias, y criádose con las hijas conocidas de tan buen padre; que su aire de familia. Y cierto que la niña no le pierde pinta al que reputamos por su verdadero padre. Pero (no quiero disimularlo) de putativo a lejítimo y declarado padre va a decir no ménos, que del derecho al hecho, cuando el derecho no está probado con la solemnidad que requiere aquel brocárdico legal *Pater est, quem nuptiæ denunciant.*

Como quiera, negra estrella es la del

pobre M· DE CERVÁNTES. No habiendo
en su vida apénas tenido de suyo fin-
cas ni pegujar, sobre que Dios le lloviese,
despues de su muerte le quieren despojar
del patrimonio de su injenio jentes estrañas, a quienes no les va ni les viene mas
en ello; que al Gran-Turco por la ecscomu-
nion o la bendicion del Papa! Estala, o séase el Escolapío de Avapies (= E· E· de
A·) pretendió que la novela de *El curioso im-*
pertinente no era de CERVÁNTES: el Editor
Catalan de la *La Tia fingida* pretende que
esta novela no es de CERVÁNTES. Mas no es
esto todo: otro moro está en campaña.

El Secretario de la Academia de Bellas-artes de Madrid D· Isidoro Bosarte
pretendía tambien no ser de CERVÁNTES
El Zeloso estremeño, ni *Rinconete y Corta-*
dillo en los Diarios de Madrid de 9 y 10
de junio de 1788; y en los prólogos a la
reimpresion que de esas novelas hizo en los
núm· 4.º y 5.º del *Gavinete de lectura*
española. Para apoyar tan injusta pretension el Señor Bosarte no tenía otro funda-
mento crítico, que el haber encontrado
sin nombre de Autor esas dos novelas,
con la de *La Tia fingida* en un MS· anti-

guo , anterior a la impresion de las *Nove-las ejemplares*: ¡como si las obras de los grandes Artistas , para ser reconocidas por suyas , necesitasen la vulgar diligencia de ir marcadas con su nombre! y como si el nombre no se leyese tan claro como con las letras, en los rasgos de su pluma! Un buen retrato sin el nombre , solamente será desconocido por quien no conozca el orijinal, ni el Arte.

La agresion del Señor Academista de Bellas-artes contra el honor de Cervántes es tanto mas criminal , cuanto Cervántes mismo , que era la misma honradez , asegura en términos solemnes la propiedad de sus novelas; "éstas» (dice en el prólogo) "*son mias propias*, nó imitadas , ni hurtadas : mi injenio las enjendró , y las parió mi pluma.»

Pero volviendo a nuestra *Tia*, por quien es ahora nuestro pleito, digo que la razon potísima que el Crítico Barcelonés cree tener para persuadirse y persuadirnos que no es hermana de *Rinconete*, de *El Impertinente*, ni de *El Zeloso La Tia fin-gida*, se cifra tóda en las cláusulas siguientes: "En nuestro juicio" (dice, *La Tia*

fingida) "no es obra de CERVANTES (en paz
» sea dicho del Señor Arrieta, y de cualquier
» ótro que pueda ser de su opinion). Su es-
» tilo *chocarrero*, sus frecuentes alusiones y
» frases no mui *limpias*, su plan, intriga
» y desenlace distan múcho de las idéas y
» *tino* del Autor del Quijote."--

No obstante esta ecsclusiva absoluta, el
Crítico reconoce la mano de CERVÁNTES en
parte de la obra: "pudiera" (dice) "pasar
» por suya la pintura que hace Claudia
» de las costumbres y carácter de varias
» provincias nuestras. Si el Autor" (añade)
"cualquiera que sea, hubiera trabajado por
» *el mismo estilo* lo demas de la obra, pu-
» diera haberse equivocado con las demas
» producciones de aquel inmortal Injenio."-

Luégo el Editor mismo reconoce como
obra del Autor de las *Novelas ejemplares*
parte de la de *La Tia fingida?*— Y esa
parte reconocida, quisíeramos preguntarle
¿de dónde bueno ha venido? ¿Quién la ha
zurcido y empastado con las demas del cuadro entero, que el Crítico cree indigno, en
composicion y colorido, del pincel de CER-
VÁNTES. ?

Esta novela, con otras dós del mis-

mo jénero, a saber, *El Zeloso estremeño*
y *Rinconete y Cortadillo*, se hallaban, viviendo CERVÁNTES, en un cuaderno, escrito por mano conocida, en Sevilla; donde
es tan sabido que pocos años ántes residió
largo tiempo el Autor reconocido por tódos de
las dos, y disputádo de una (que yo sepa)
por solo el Señor Crítico Barcelonés.

. Si este Señor alegara algunos documentos justificativos en apoyo de su opinion singular, fuera caso de empeñarnos aquí mas
seriamente en su impugnacion; pero sufrién-
dose la contradiccion suya a la opinion jeneral en solo su parecer, creemos que cada uno puede abundar en su sentido, siguiendo las razones de congruëncia y buen
criterio que le asistan. En cuya virtud nos
parece que CERVÁNTES puede continuar
en la pacífica posesion que está, de padre
de tal hija, aunque ésta no sea la mas hermosa de las suyas. Arrieta, sin embargo,
la estima por la mas linda. Sobre gustos
no hai disputa.

Disputar aquí más ahora, si es o nó
de CERVÁNTES *La Tia fingida*, sería en
nuestro sentir disputar a nuestros mas discretos lectores el sentido-comun. Basta te-

ner ojos en la cara para reconocer la mano
de este gran Pintor de la Naturaleza en el
rasgo mas descuidado de su pincel vivaz.
¿Con cuáles podrán confundirse las lineas de
Apéles? No hace pues, falta alguna para
acreditar que CERVÁNTES hizo este cuadro
moral de la humana flaqueza, el CERVÁN-
TES *fecit*. Empeñarse, por otra parte, en
hacer ver que no puede ser de otro, a personas que en este ramo de Bellas-letras no
aciertan a distinguir de estilos ni colores,
fuera empeño impertinente:

    « La cítola es por demas,
      Cuando el molinero es sordo. »

Bien pudiéramos retorcer el argumento, contraproduciendo las mismas razones
que el Crítico Editor alega para descartar
de entre las demas de CERVÁNTES *esta novela :* redarguyéndole con que *hoc-ipso* debiera él haberla tambien descartado de su
coleccion; porque en efecto con unas *Novelas escogidas* es sin duda que hará mal
juego una novela desatinada, sucia y cha-
vacana.-- Pero sabemos la tara que en
buena lójica tiene siempre que rebajarse a
las mas ponderadas y ponderosas razones

retóricas: y así tengo por sin duda que, como aun creido de esas razones de descarte, ha reimpreso el Editor de Barcelona la novela: él con las suyas, y ótros con mejores razones, han de volver a reimprimirla una y muchas veces.

Para que salga a luz mas digna de CERVÁNTES y del Público, quiero respecto de esta obrita participar a los curiosos ciertas noticias, de que la fortuna y mi dilijencia me han hecho quizá único depositario. Para esto es para lo que principalmente he tomado la pluma: a no mediar tan buenos respetos, no saldría de mi buen callar.

Presuponiendo, pues, que esta novela es de CERVÁNTES, y no puede ser de otro, digo que el reconocido jeneralmente por orijinal de todas las copias que hoi corren impresas de *La Tia finjida*, es un MS· del tiempo de CERVÁNTES, de letra del Lic· Francisco Pórras de la Cámara, Racionero de Sevilla. Por úna de tántas como andaban MS·, y nó de las de primera mano, sino

«Criada de las criadas
De las criadas de Aurora.»

(borron de ruda Minerva) hizo en Madrid
la primera impresion el Señor García-Arrieta el año 1814 en la imprenta de la viuda de Vallin.

Como el códice orijinal se decía per-
tenecer a la Biblioteca de los Estudios de
S. Isidro, nó bien regresé yo el año de
1820 a Madrid, de donde había peregri-
nado 6 años por el Estranjero;—como tan
aficionado desde que tengo uso de razon, a
las obras de CERVÁNTES, acudí a la fuente
a apurar la verdad. Pero preguntados los
Señores Castillon, Lozano y aun el mismo Bibliotecario Arrieta, me respondieron
contestes que jamas habían alcanzado a ver
tal MS. en la Biblioteca; ni constaba re-
jistrado en sus índices, de donde, si es
que allí en algun tiempo tocó, hubo de
anochecerle D. Pedro Estala en el tiempo
que fué Bibliotecario.

Desesperanzado ya de encontrarle, y nada satisfecho de la correccion del tecsto de
la novela, segun le estampó Arrieta, se me
vino a las manos un ejemplar de la reimpresion hecha en Berlin el año de 1818.
Debíle a la fineza del malogrado D. Luis
de Landáburu, Agregado de embajada que

fué en la corte de Prusia: el cuál me insi-
nuó tenía especie de que había intervenido
en su publicacion el Caballero Liaño, Bibliotecario de S· M· Prusiana, Español de
estraordinarios conocimientos, y hombre de
peregrina historia, con quien yo desde
Lóndres hube de tener correspondencia literaria, residiendo él en Berlin.

Ya aquí tuvieron mis ojos el regalo de
ver el agua correr mas limpia. La copia está
sacada de la fuente: obra enfin en que había puesto la mano D· Martin Fernandez
Navarrete, fino apasionado de CERVÁNTES,
y curioso cuanto infatigable papelista.

Cotejando úna con ótra la impresion de
Madrid y la de Berlin, o digamos, la copia de García-Arrieta con la de Fernan-
dez-Navarrete, vi "Lo que va de cetro a
cetro;" y para complemento de mi satisfaccion, cuando ménos le buscaba, se me deparó por una chiripa el tan buscado MS·
orijinal del Lic· Pórras de la Cámara, que
encontré arrumbado en la trastienda de la
librería de D· Gabriel Sanchez. El trájico
MS· estaba tan mal parado, que apénas
tenía forma de libro: mas parecía un ma-
motreto, o un recetario de botica, del cuál

se estaba cada hoja yendo por su lado. Fal-
tábaole muchas, pero ninguna de las que
a mí me harían alhaja: conviene a saber,
de las Novelas de CERVÁNTES contenidas en
el códice, *Rinconete*, *El Zeloso* y *La Tia
fiinjida*. Es de advertir que ni esta, ni las
ótras llevan nombre de Autor.

Eslo el Colector indisputablemente de
algunas de las obras de su Miscelanea; entre las cuáles debo citar una *Relacion* en
prosa y verso de un viage suyo en Portugal, escrito aunque con desaliño con singular gracia; y una *Floresta* de chistes,
prontitudes y ocurrencias, por la mayor
parte de hijos de vecino de Sevilla, y personas señaladas de aquel tiempo (tiempo alegre, de flotas y galeones, que iban a las
Indias cargados de bulas y baratijas, y nos
trahían de retorno jentiles patacones) de
aquellos tiempos, digo, tan distintos de
estos negros tiempos que alcanzamos los
que hemos tenido la desdicha de nacer despues, o no hemos tenido la fortuna de morir ántes de ver cómo anda de rematado y
perdido este mal mundo!

Entre otras (me acuerdo bien) son sa-
ladísimas las agudezas y jenialidades, que

cuenta de un Mäestro Farfan, Agustinia-
no de la Casa-grande de Sevilla ; de cuyas
gracias dice tambien marabillas el Lic.
Juan de Robles en su *Culto Sevillano*, que
orijinal con las licencias para imprimirse,
y la Aprobacion de D. Francisco de Quevedo, tóda escrita de su puño, vi años pasados en Sevilla.

Ufano con tan inesperado hallazgo, em-
prendí por la primavera del año 1821 la
fijacion del tecsto, confrontando los impresos con el orijinal. El tecsto Navarrete ga-
nó múcho en esta confrontacion, aunque
nó siempre salió de la prueba tan lucido,
que no se le encontrase lunar : su fidelidad
misma lo es sin duda alguna en algunos
pasajes. En uno que ótro *assuitur pannus*:
estudiando el estilo del Colector en algunas
piezas de su coleccion, hube de reconocer
ciertos rasgos característicos suyos, e im-
propios de CERVÁNTES, y algunos toques y
retoques dados al orijinal, que están salién-
dose del cuadro. Sonlo en efecto : he llevado la prueba a la evidencia que cabe en
la materia.

Al efecto es de saber que apénas leí en
el libro del Señor Arrieta *La Tia fingida*,

quise acordarme de haberla ya ántes leido MS· sin nombre de Autor, pero con presuntas al leer ciertos y ciertos pasajes, por su sabor *cervántico* (*), de que no podía ser de otro, que de CERVÁNTES. Era liebre esta, que había levantado en la Tierra-baja; pero no pude correrla, porque los franceses (nó estos, ní aquellos, sino los otros: *la France est un tableau mouvant*) me venían a mí corriendo a todo correr. Recorriendo memoriales vine al fin a parar en que había visto el tal MS· en Sevilla, el año 10; cuando allí tódo andaba de rota batida, abocadas a entrar las tropas francesas de Napoleon.

Ciertamente: allí fué. — Ya tenemos otro MS· de *La Tia finjida* con honores de orijinal: con él se pueden correjir algunos pasajes del Lic· Pórras, como con el de éste se enmiendan los lugares mendosos de las impresiones que corren. Es códice antiguo, de principios del siglo XVII: ecsis-

_____

(*) Los Ingleses, privilejiados intelijentes y celebradores del mérito del Quijote y de la pluma de CERVANTES, han inventado esta palabra, pra significar lo que tiene cierto desenfado picante, fino y jovial por el estilo del de CERVANTES.

te en la preciosa Biblioteca Colombina (AA, 141, 4).

Por los dos MS· se ve lo que tienen de más y de ménos los impresos. Lo que tiene de ménos el de Madrid (que no es poco) se verá despues. El de Berlin tiene de más los intercalares bastardos que se leen en los pasajes siguientes; y tiene ótros varios, en que se ha seguido mas ciega que advertidamente el MS· de Pórras, variante en todos ellos del códice Colombino:

"Comidos que fueron (*y nó de perros*)...— D· Juan de Bracamonte (*nó el Arcediano de Jerez*)... —— ¿Hai Príncipe en la tierra, como este... ni Perulero, ni aun Canónigo (*quod magis est*)?"

Este latin en boca de una Dueña se hace tan impropio, como disonante y absurdo: nó así en la pluma del Lic· Pórras de la Cámara, el cuál usaba estos paréntesis, como por via de Notas, que nó bien advertidos por D· Martin Fernandez Navarrete, ni por los Editores de Berlin, sin duda por no haber estudiado más el orijinal, los pusieron a un andar embebidos en el tecsto. Este desman puede haber ademas procedido de no haber bien

2

tomado el aire a la pluma del Racionero Pórras, por no habérseles deparado piezas de su mano, donde estudiar de asiento su estilo.

Para que de él pueda formarse algun concepto, no ménos que para desarmar la malicia, que pudiera hacer Autor de una obra, de que no fué sino mero copiante, al buen Racionero, presento aquí la adjunta muestra, entresacada de un "*Elojio del Lic· Francisco Pacheco*" (el tio), "*Canónigo de Sevilla*"; donde ocasionalmente pinta a su manera el estado que tenía en aquella ciudad la Pöesía en los verdores de este lozano Ingenio Jerezano, uno de los Patrïarcas de la Escuela Sevillana. (Hablo de la verdadera Escuela Sevillana, que fundaron en el último tercio del siglo XVI los Pachecos, los Malaras, Jirones Tamarizes, Quiroses, Medinas &c., y que tánto honraron últimamente los Herreras, Arguijos y Riojas: nó de esa mentida, que desvanecidamente quieren ahora llamar Escuela Sevillana los Reinosos y los Listas: los cuáles, si han fundado escuela, no ha sido de Pöesía, sino del molinismo político que se enseña en el *Ecsámen de los delitos de infidelidad contra la Patria*). — Copio del borrador autógrafo de Pórras de la Cámara, por unas hojas sueltas de su Miscelanea misma, que he adquirido posteriormente. Dice así:

"Nació Francisco Pacheco en la ciudad de Jerez de la Frontera, de padres humildes, naturales de aquella ciudad, y aunque pobres, Cristianos viejos a prueba de munchas informaciones y excrutinios, que se hicieron en diversos tiempos y ocasiones para las dignidades y honrosos oficios que obtuvo. Y porque la estrecheza de la posibilidad de sus padres, y la magnanimidad de su ánimo, lo sacasen del lugar de su naturaleza, se vino a esta ciudad de Sevilla, tan mozo, que no tenía de edad 24 años; aunque tan docto ya, y bien instruido en Letras Divinas y Humanas, y en las demas Artes y Facultades que conducen al hábito de las dichas, y se suponen para profesarlas y saberlas perfectamente; que no hubo en su tiempo capacidad de Injenio, que pudiese abarcar la del suyo; ni saber por mayor, ni implícitamente, lo que Francisco Pacheco ecsplicita y perfectamente supo...

"La propension de su injenio le afi-
cionó a dos, que mui ecsprofeso profesó;
tanto de mayor estimacion, y mas raras y
peregrinas, cuanto ménos, mas raros son
sus Mäestros y Profesores; y aun ménos
de ellas se halla escripto. Estas son Letras-
humanas y Lenguas.

"No quiero a sabiendas omitir otra
Arte, en la cuál no tuvo segundo; que
fué la de la *Püesía* en todas sus especies:
en la cual, así por su edad, como por la
ocasion, porque en aquélla florescía en esta ciudad; pues en todos los oficios della
no faltaban Oficiales de las Musas; aunque fuesen los oficios tan singulares, que
no tuviesen mas que un Oficial...; pues no
habiendo en Sevilla mas que un oficio de
Asistente, que administra por el Rei la
justicia ordinaria; y un oficio de Verdugo,
que la ejecuta; eran en este tiempo *Püe-
tas* hasta el Verdugo y el Asistente, que
era el Conde de Monte-agudo.

" Eránlo asímismo dos Pregoneros, sin-
có Escribanos, tres Oidores, dós de los
Grados, y uno de la Contratacion, que se
firmaba *Alejo Salgado Corréa, Licenciado*:
del cuál se despidió un su Escudero, Idal-

go pobre, aunque Pöeta no cobrando el salario de año y medio que le había servido, por no sufrirle aguardarle, y alabarle sus malas coplas que hacía.

"Dos Abogados, seis médicos, cuatro Plateros, dos Fundidores, un Sayalero, tres Perailes, dos Sastres, uno el bueno, y ótro el malo, como los ladrones que crucificaron con Cristo; que Sastres habían de ser sus conformes.

"Un Gorrero, dos Pintores, tres Serrajeros, cuatro Mercaderes de Seda, un Zapatero de lo primo, dós de lo basto, y ótro de lo vacuno; el cuál tenía una cruël cuchillada por la faz, que se la dió un vecino suyo, destos que en las esquinas entretienen el calzado (por no nombrarlos Remendones); habiendo sido la ocasion de la pesadumbre un *esdrújulo*, fructa nueva de la Pöesia, porque en el año de 1561 se había inventado aquella compostura tan llena de primor.

"Prosiguiendo pues, la copia de nuestros Sevillanos Pöetas oficiales, y Oficiales pöetas, no es para olvidar la buena memoria de un Espartero, un Tejedor de tocas de lino, ótro de tramado de seda. Dos

Jubeteros de azémilas y zardezcos (1), un Tornero, y tres Oficiales de alcuzas, dos Boticarios, y un Saca-muelas

"¿Quien duda, sino que le parescerá a algun curioso lector esta copia de Pöetas conducta de los Soldados de las Comunidades, de Segovia, o de Medina del Campo?

"Dejo de referir munchos otrós, cuasi infinito número de Pöetas, Ecstravagantes, Estudiantes, Paseantes, Farzantes, Pedantes, Menantes, Platicantes, Pleiteantes, Negociantes, Mareantes, Comediantes y Viandantes; sin los ciegos y *privados de la vista corporal* (2) que cautan en

_____

(1) Es decir, Sastres de rocines y jumentos: mas claro, Albardoneros.

(2) Circunloquio de aquel tiempo, mui usado en Andalucía, por no decir peladamente *Ciegos*. Era famoso entónces sobre tódos el Ciego de Ubeda, de quien he visto varios papeles en verso, impresos en letra de Tórtis con figuras de mala talla. Uno se titula: «*Coplas y chistes muy graciosos*, para »cantar y tañer al tono de la vihuela, agora nue-»vamente hechas por Gaspar de la Cintera, *pri-»vado de la vista*, natural de Ubeda, y vecino de »Granada. Impreso con licencia en Búrgos, en ca-»sa de Felipe de Junta.» –– Otro: «Aquí se con-»tienen cuatro *nuevos acontecimientos*... Fué im-»preso con licencia en Córdoba, en casa de J. B. »Escudero, y por el mismo orijinal en Toledo, en »casa de Miguel Ferrer (que sea en gloria) año de

las plazas las obras nuevas, milagros de la Madre—Vírgen, subcesos nunca vistos : ni los que echan de repente en los bodegones y tabernas.

"Confieso que mi paréntesis ha sido largo, pero verdadero : más divertíme con la *Pöesía;* que no es marabilla en un hombre cuerdo y sabio, como lo hizo el que tan sabio y cuerdo era, de quien voi tratando. Entre tanta confusion de Pöetas no sufriendo el ultraje que a esta nescesitada Arte le hacian sus Profesores (que por ser mas, no son mejores) le fué forzoso y necesario, aunque mui provechoso, tomar la pluma, y escrebir en ella lo que ninguno otro Pöeta ántes de Francisco Pacheco no pudo ecsceder, y después no ha podido imitar."

Vea el lector discreto qué jentil aliño de estilo éste de nuestro buen Racionero, para que se pueda confundir con el de la novela de nuestra buena *Tia* postiza!

»1572.» Estos nuevos Homeros *privados de la vista* han privado siempre múcho en la Pöesía Española : y hasta nos han enriquecido la Métrica con una especie de coplas que de ellos se llaman *quintillas de ciego.*

Yo confieso, como él, que el paréntesis no ha sido corto; pero nadie negará que sea conducente para tomar el aire a la pluma del Lic· Pórras, que era el intento.--Prosigamos el paralelo.

Los pasajes de la edicion de Arrieta, y consecutivamente de las que por ella se han hecho luego en España (de las cuáles la miñona Barcelonesa es una Bella-infiel) son tantos: que no es posible acotarlos aquí todos, sin hacer demasiado prolijo este escrito. Pero algúnos son tales, que en abono de mi dicho no puedo ménos de apuntar un par de ellos.

Por de contado el tratamiento trunco de *Usted*, que estampa el Señor Arrieta así con todas sus letras, es un anacronismo que embiste. Los MS· dicen siempre *Vmrd·* como decia CERVÁNTES, y así se decía entónces: el *Usted* vino despues. En ciertos pasajes el contecsto mismo de la cláusula ecscluye manifiestamente la leccion de *Ustedes* por *Vuesas o Vuestras-mercedes*, adoptada ménos avisadamente por el Editor príncipe. Pájina 204, en la arenga de la Dueña: "Señores, mi Señora Doña Claudia de Astudillo y Quiñores suplica a Vuesas-merce-

»*des la* reciba tan señalada, que se va-
» yan a otra parte a dar esa música"; se ve
que la frase elíptica "*la* reciba", tan del
gusto y uso de CERVÁNTES, juega con el
Merced esplícito en el tratamiento familiar
de aquel tiempo, que gastado está hoi em-
bebido en el *Usted*.

Alcabo en este pasaje se lee *Merced*:
pero en ótro tal de la pájina siguiente, linea 6.ª, donde juega tambien el *la* elípti-
co con el *Merced* ecspreso en el tratamiento,
puesto en su lugar el *Usted*, queda el *la* en
el aire. El parladillo de la repulgada Dueña concluye así segun la linda impresion
Catalana (fiel á la de Madrid en lo que es
el punto de la cuestion): "que de otra *suer-*
»*te* y otro estilo, y con ménos escándalo,
»*la* podrá recibir de *Ustedes :*" frase de
bronca sintácsis, la cuál queda tersa y corriente, como se lee en el MS· Colombino:
conviene a saber; "que de otra *manera*, y
»*por* otro estilo, y con ménos escándalo *la*
» podrá recibir de *Vuestras-mercedes :*"—
es decir, podrá recibir *la merced* y favor
del obsequio de los musicantes.

Por el mismo MS· Colombino se co-
rrije, o restituye un lugar corrupto, en el

MS· del Lic· Pórras de la Cámara, y en todas las impresiones, como derivadas de él. Este:

"Acordáronse *pues*, *en darle* una música "LA NOCHE SIGUIENTE"--MS· P·, e impresion de Vallin, páj. 199.

"Acordaron *de dalles* AQUELLA MISMA NOCHE una música."--MS· C·, fol· 78.

Y bien así, porque en el párrafo siguiente se dice que aquel mismo dia los Estudiantes, "comidos que fueron..., fué-»ronse a un Pöeta, al cuál rogaron fuese ser-»vido de componerles alguna letra, para »cantar *aquella noche*. El Pöeta en poco »rato forjó un soneto. Llegóse en esto la *noche* » &c.

He dejado para lo último el tratar de un pasaje mui notable y constitutivo de la parte *ejemplar* de la novela, que echo de ménos en la dicha impresion de Vallin entre las páj· 17 y 18, el cuál compondrá bien sus dos pájinas bien cumplidas. Y como una tal supresion se ha hecho a sabiendas, y con el espíritu que piadosamente se deja discurrir; quisiera yo que su publicador con mas alumbrado zelo hubiese considerado que esa especie de coloquios

entre colóquiantes de la calaña de tia y sobrina, sin dejarlo de ser en el nuestro, eran
en aquel tiempo mui familiares en el mundo; y, como fiel representacion y pintura
de él, en nuestras farsas y romances viejos. Alonso de Ledesma, ilustre Pöeta Se-
goviano del tiempo de CERVÁNTES, que
por la moralidad de sus versos *a lo divino*
(que decían entónces) se granjeó el renombre de *El Divino Ledesma*, en su *Romancero*, impreso en Barcelona el año de 1616,
trahé un diálogo picaño de este jénero, que
hace bueno al de nuestras honradas tia y
sobrina. Siento no poder copiarle del orijinal, mácsime ecsistiendo a cuatro pasos de
donde esto escribo, un ejemplar de ese ya,
como todos los de nuestra antigua romancería, rarísimo libro, en la selecta Biblioteca que fué del Serenísimo Señor Infante D. Luis de Borbon, que el Cardenal
su ilustre hijo, grande y bizarro en todo,
con un precioso gavinete de Historia natural que el polvo y la polilla devoran, donó
íntegra para uso del Público a la Arzobis-
pal de Toledo. Pero su sucesor el Señor
Inguanzo, por razones que no alcanzamos,
y contra la voluntad ecspresa del dador, la

tiene entredicha y cerrada, habiendo recojido las llaves de ella a su custodio y Bibliotecario D· Ramon Fernandez de Loaïsa. En su defecto le estamparé aquí por una copia, sacada de la "*Primavera y flor de los mejores romances*, recojidos de varios Pöetas por el Lic· Pedro Arias Perez", de la reimpresion de Sevilla, año de 1626.

ROMANCE.

Una Cortesana vieja
A una muchacha de Búrgos,
Mal industriada en el Arte,
Le riñe ciertos descuydos.

«Paréceme, Aldonza mia;
Que es el blanco de tus gustos,
Donde tiran tus deséos,
Comer y vestir al uso.

Sabe, niña, aprovecharte;
Porque, como dice el vulgo,
Buena cara y pocos años
Es un riquísimo juro.

Un censo que está fundado
En esta corte del mundo
Sobre la edad y belleza,
Ya se ve que no es seguro.

Redimirle el tiempo puede;
Y así que guardes es justo;

Porque tras carnes-toléndas
Siguen los dias de ayuno.

Muchos galanes te sirven;
No digo que tengas uno,
Mas que escojas los que fueren
Mas de provecho, que rumbo.

A Soldados y Estudiantes,
Con sus ventajas y cursos
Por Flándes y Salamanca,
Nunca admitas en tu estudio.

Que si quieres Letras y Armas,
Hallaráslo todo junto
Todas las veces que vieres
En tus manos un escudo.

A Músicos y Pöetas
Yo los estimo, y es justo;
Mas como no sean ganancias
Al descarte los tripulo.

Buen metal de voz y vena
Valen en el hombre mucho;
Si la vena es del Pirú,
Y el metal es de oro puro.

Procura pedir á todos,
En su lengua a cadä uno,
Por señas al liberal,
Y por palabras al duro.

Y si dejares de dar,
Déjale en tiempo oportuno;
Que el Médico nunca espera
Que se le muera el difunto.

Es la bolsa en el amante,
Lo que en el enfermo el pulso;

Que en habiendo intercadencias,
Se pueden cortar los lutos.

Y aunque es prohibido el dar
A mujeres de tu curso,
Por las leyes que establece
Interes, nuevo Licurgo,

Procura de dar a aquellos,
Donde puedas sacar zumo;
Que el Labrador nunca siembra
Do no espera sacar fruto.

El poner cebo a los peces
Es logro el mayor del mundo,
Cuando vieres que se van,
Aunque dello gustes mucho.

Que tambien el Cielo a veces
Hace dos efectos juntos.
Que el llover y hácer Sol
Es propio de cielo turbio.

Si te llegare a besar,
Dale zelos con alguno;
Que son los zelos, amiga,
Pimiento destos besugos.

Bien sé que pica y abrasa,
Mayormente cuando es mucho;
Pero poco, y sobre fresco
Antes acrecienta el gusto.»

En esto llamó a la puerta
Don Bernardo y Don Bermudo:
Aldonza se fué al estrado,
La vieja a rezar se puso.

Por pasiva : la misma cartilla , mas breve y compendiosa , leida por una tronga a su taita , se repite en una picante letrilla de D· Luis de Góngora, que copiaré de una coleccion curiosa de sus « *Obras , correji-* » *das de los vicios que padecen las impresio-* » *nes todas que de ellas se han hecho''*, por el Ilmo· Señor D· Luis Benégas de Figueróa, Obispo que fué de Almería, y amigo del Autor: con algunas variantes de un códice orijinal , titulado ·« *Obras de D· Luis* » *de Góngora , ecsceptos Polifemo , Soleda-* » *des y Panejírico*, escritos de mano de Manuel de Furía y Sousa'', Injenio Portugues de vastísima erudic· ion y lectura.

LETRILLA.

A toda lei, madre mia
(Lo demas es necedad)
Regalos de Señoría ,
Y obras de Paternidad.

Aunque tan ajenos son,
Señora, mis verdes años
De maduros desengaños
Y perfecta discrecion ;

Oid la resolucion
Que me dió el tiempo, despues
Que me disteis al Marques,
Y yo me di a Frai-García.—
A toda lei, madre mia, &c.

Narcisos, cuyas figuras
Dan por paga los pobretes,
Que libran de mui jinetes
Mi yerro en sus herraduras,
Ganimédes en mesuras,
Enamorados y bellos:
Yo creo que para ëllos
Vuesa-merced no me cria.—
A toda lei, madre mia &c.

Orlandos enamorados,
Que después dan en furiosos,
En las paces belicosos,
Y en las guerras envainados,
De bigotes engomados
Y de astróloga contera:
¡Nunca Dios me häga nuera
De la hermana de su tia!—
A toda lei, madre mia &c.

Canónigos, jente gruesa,
Que tienen a una cuitada
Entre viejas conservada,
Como entre paja camuesa;
Dan poco, y piden a priesa,
Zelan hoi, zelan mañana:

Mui húmilde es mi ventana
Para tanta zelosía.—
A toda lei, madre mia &c.

Almibarados Pöetas
Por quien la beldad no acaba
De ser nido y ser aljaba
De Amor y de sus saëtas,
Danme canciones discretas;
Y es darme a mí sus canciones,
Gastar en Guinéa razones,
Y cruces en Berbería.—
A toda lei, madre mia &c.

Basta un Señor de vasallos,
Y un grave y potente Fraire;
Los demas los lleve el aire
(Si el aire quiere llevallos).
Hagan ricia sus caballos,
Acuchillen sus personas,
Rezen sus tercias y nonas,
Celebren su Pöesía. —
A toda lei, madre mia &c.

Solo á estos dós mi amor
Y mis contentos aplico;
Madre, al úno, porque es rico;
Al otro, porque es hechor.
El Fraile es a mi sabor,
El Marques me lleva en coche

Démosle al uno la noche,
Y al ótro démosle el dia.—
A toda lei , madre mia &c.

Purificado así el tecsto, como mejor
pude, entresacando las pinceladas orijinales de CERVÁNTES de las brochadas de ajena mano, con el aucsilio de los dos Códices
antiguos (harto imperfectos en verdad, aunque tan antiguos), y a la luz de un cierto
Vocabulario manual de CERVÁNTES, que yo
me tenía hecho para mi uso; donde se ve
el caudal de vozes y frases, con que CER-
VÁNTES juega, los tropos, figuras y toda especie de colores retóricos, que le son característicos, y constituyen los que yo llamo
Cervantismos; saqué una copia en limpio del
cuadro Goyesco de *La Tia fingida*, con plan
ulterior que tenía de publicar las demas
Novelas ejemplares del Príncipe de nuestros Noveladores, ilustradas con Notas; ya
que se me había frustrado una edicion del
Quijote con iguales ilustraciones.

El *Quijote* es una mina inagotable de
discreciones y de injenio; y esta mina, aunque tan beneficiada en el presente y en el
pasado siglo, admite todavía grande labo-

réo. Es mucho libro este! Comunmente se le tiene por un libro de mero entretenimiento; y no es sino un libro de profunda filosofía. El Quijote encierra en sí gran misterio; aun no se ha descifrado bien el primor de su artificio: lo ménos es ridiculizar los devanéos de la Caballería Andante: ésa ya tan sabrosa, no es sino la corteza de esta fruta sazonada del árbol provechoso de la Sabiduría: su meóllo es mucho mas esquisito, regalado y sustancioso.

En efecto, era todavía mas trascendental la idéa del superior talento de CERVÁNTES: CERVÁNTES no trató en el Quijote de correjir de sus fantasías solo a los Españoles, sino de correjir a la Europa y a su siglo. El espíritu Caballeresco y fantástico era jeneral en aquel tiempo: los pueblos Cristianos, desde las empresas entusiásticas de las Cruzadas, ecsaltadas las imajinaciones con el influjo Oriental en las peregrinaciones a la Tierra-santa, y adoptadas ciegamente las fantasmagorías de la majia y los encantamentos que, trampantojando portentosas visiones contra toda lei y órden natural, ensanchaban ilimitadamente con el horizonte de lo factible, la esfera de la credibilidad, cebándose solo en lo marabilloso y ecsótico, menospreciaban todo lo que tenía la sencillez de la Naturaleza. Y CERVÁNTES con injeniosa traza ideó una inventiva, en que la prosa y la pöesía de la vida humana, lo fantástico y lo real simbolizados por lo vulgar y lo Caballeresco, estuviesen en visible contraste y accion continua; a cuyo efecto creó dos personajes característicos, que figurasen esta contraposicion. Tales son D· Quijote y Sancho.

El Quijote ademas es libro que arguye en quien le escribió, un caudal de lectura y de erudicion romántica, que asombra: por eso gusta más a quien más sabe de nuestro romancería y libros Caballerescos, á que se hacen continuas y finas alusiones, cuya gracia picante no puede sentir quien no está en antecedentes. Y ¿quién podrá estarlo, si mui de propósito no se ha puesto a buscar esas antiguallas, de que apénas nos queda ya ejemplar de mano ni de molde?

La afficion predilecta mia al estudio de nuestra Lengua y Literatura me había trahido a la mano nó pocas piezas peregri-

nas, mui conducentes a la parte alusiva
del Quijote, y a la fijacion de su tecsto:
porque es de saber que ni aun el tecsto de
este libro clásico en todas las naciones (y
que lo será en todos los siglos) está todavía
tan purificado, como debe estar: aun despues
de lo que han trabajado para acrisolarle los
beneméritos Bowle, Rios, Pellicer y Navarrete, saltan todavía a los ojos en el Quijote algunas incorrecciones chocantes, y se
leen desleidos en la prosa como prosa algunos versos, porque no se sabe que son
versos. La correccion debe empezar desde
la portada del libro; pues aun en el título hai ya que correjir. CERVÁNTES, como
todos los hombres de imajinacion viva, no
tenía paciencia para retocar; pintaba al
fresco: el Quijote es un libro escrito de
primera mano: los últimos tomos corrijen
los primeros. CERVÁNTES se correjía escribiendo.

Otro artículo esencial. De CERVÁNTES
aun despues de escrita su vida por Mayans,
Ríos Quintana &c. no se conocía apénas
mas que el grande injenio, y ése porque le
dejó él de su mano estampado en su inmortal D. Quijote; pero no se conocía bien

su grandè alma: y este hombre ecstraordinario valía tánto por las prendas de su corazon, como por las dotes de su injenio.

En esta persuasion vivía yo, buscando
con afan y dilijencia nuevos materiales para escribir la Vida de M. DE CERVÁNTES,
cuando el año de 1809 descubrí en Sevilla
un tesoro inapreciable de noticias orijinales
en la Informacion de su vida y costumbres, que me franqueó del Archivo de Indias D. Isidoro Antillon, recien nombra-
do Archivero. D. Manuel de Valbuena,
que sucedió en su empléo a este Talento
malogrado, me mandó después a Lóndres,
mediante el favor de algunos buenos amigos mios de Sevilla, copia de esa impor-
tante pieza justificativa: de forma que el
año 18, cuando allí se imprimía en la oficina del célebre Búlmer la traduccion in-
glesa del Quijote con las magníficas estampas de Smirke, retocada por la Señora hija de este Artista famoso, hube yo de fran-
quear a esta injeniosa Dama, por medio de
mi amigo el Caballero Gooden, discreto
apreciador de los Injenios de España, un
Epítome de la vida de CERVÁNTES: el cuál
no llegó a imprimirse, porque el publica-

dor, aburrido ya de hacer desembolsos para una empresa tan costosa (cada ejemplar del Quijote en papel costaba sobre 2400 rs·) no tuvo ánimo para echar a papel viejo la que estaba ya impresa, escrita con las noticias que arrojaban las biografías hasta entónces conocidas. Enfin, cuando teniendo yo pronto ya para el molde el *Quijote ilustrado con Notas y la Vida de su Autor*, que trataba de imprimir en la oficina del hábil e ilustrado Impresor Mr· Táylor, supe que D· Martin Fernandez Navarrete me había ganado por la mano en la publicacion de los documentos del Archivo de Indias, que yo creía ser lo mas llamativo para el público: con cuyo motivo aburrí por entónces mi empresa.

A la nueva de las *Novelas* concurrió una circunstancia que me empeñó mas y mas. La edicion que yo intenté del Quijote, había de ser con estampas: ningúnas de cuántas se hán puesto a una obra tan pintoresca, como las aventuras de D· Quijote, inclusas las de la espléndida impresion del de la Academia Española, me llenaban a mí de tódo en todo; ni sus asuntos, ni la historia del Heroe aparecen en ellas bien

estudiados. Hai, a mi ver, un error mui
jeneral en esto de las estampas: debe de
creerse que tódo lo que es bello en Pöesía,
es bello en Pintura; y no es así. Cada Arte
tiene sus secretos; y si la Pöesía cautiva
el alma por el oido con la sonoridad y la
majia de la palabra, la Pintura la encanta
por los ojos con la visualidad y la ilusion
óptica. Nó todo lo bello es vistoso: así lo
que no es bello a los ojos, no es bello en
Pintura: cada sentido tiene su bello, ideal
y efectivo. A esta luz deben mirarse los
asuntos para las estampas.

Las que ya destinada al Quijote, estaban ideadas a esta traza. Habíame para
su mejor desempeño puesto, con este preciso objeto, a estudiar la obra, echando
visuales sobre lugares y personas, para dar
al Artista bien estudiados los asuntos: al
efecto tomé reseñas, observé trajes, mue-
bles, arneses, piezas de armería; apunté rasgos y lineamentos. Para los de las fisonomías
póco ha dejado CERVÁNTES que hacer: sus
retratos hablan; y ha sido en ellos tan
puntual, que nos presenta las personas ves-
tidas y calzadas. Igual puntualidad guarda
en la pintura de las situaciones: las esce-

mas están hechas: no hai sino entresacar de ellas las que se presten más al pincel, y puedan hacer mas efecto pictórico.

Con este mi peculiar modo de ver en Bellas-artes, y ecsaminado el punto tan remiradamente, tenía (digo) estudiados nuevos asuntos para las láminas del Quijote, que consultados con el gran Goya, habían merecido su aprobacion. Goya era un Pintor filósofo: acuérdome bien de que contestándome sobre este punto a Lóndres por mano de un Caballero Inglés †que hoi reside en Sevilla, me decía que en tiempos había él fantaseado unos Caprichos orijinales con el título de *Visiones de D· Quijote*; en que por nuevo estilo, pintaba las fantasías del lunático Caballero de la Mancha. Solo el pensamiento éste de Goya es ya una creacion artística, propia de su travesura.

Los dibujos para las estampas de las *Novelas de* CERVÁNTES se me daban ya hechos, y con todo el primor e intelijencia que yo pudiera desear. Habíalos dejado concluidos de su mano el esmerado D· Luis Paret por encargo de la Casa de Sancha. El viejo D· Antonio había intentado una impresion en folio de las *Novelas ejemplares,*

que hiciese juego con la grande del Quijote de la Academia, y aun compitiese con
ella en lujo tipográfico y artístico. Con esta segunda parte de los adornos y estampe-
ría corrió Paret, y le desempeñó tan luci-
damente ; que estas estampas son a juicio
de peritos su obra maestra , y lo mejor que
en esta linea se ha hecho en España. Fué
el D· Antonio hombre de bizarros pensamientos, y heredero de sus humos su hijo
D· Gabriel; pero con sus bizarrías han dejado abarrancada su casa por el empeño de
ilustrar con sus prensas a España, partíci-
pes en ésto de la suerte comun de los Sabios: los Sabios son como los cirios, que
por alumbrar a Dios y a los hombres , se
consumen ellos.

Con los malos tiempos que se han atravesado, y con el desigual suceso de las grandes empresas del *Lope y la Enciclopedia*,
no pudo la casa de Sancha llevar adelante
la de las *Novelas;* y el último de los San-
chas, sabedor del aprecio que había yo merecido a su difunto padre, mediante la amistad de D· Antonio Capmany (a cuyo buen
afecto y finezas viviré eternamente agradecido) me hizo ecspresion galante de los

dibujos de Paret para las *Novelas de* CER-
VÁNTES. Pero ¡dolor de mi! tódo lo he
perdido: dibujos de Paret, papeles mios,
MS· antiguo de *La Tia fingida*... nada, náda me ha quedado, sino la memoria lasti-
mosa de todo; y... gracias que he quedado
yo para contarlo.

Toledo 15 *de julio de* 1832.

B· J· GALLARDO.

El Criticon,

PAPEL VOLANTE

DE

Literatura y Bellas-artes:

POR

Don Bartolomé José Gallardo.

N.º 2.º

Críticas sufrirán, zurra y proceso.-
L. MORATIN.

MADRID :

Imprenta de D. L. F. Angulo,
Rejente D. M. Macias.

1835.

El Criticon,

Núm: 2.º

~~~~~~~~~~~~~~~~~~~~~~~~~~~~~~~~~~~~~~

PASATIEMPO JOVIAL sobre lä *ODA* del *ABATE REINOSO* a la muerte de *ZEAN-BERMUDEZ*.

Ecrive qui voudra: chacun à ce métier
Peut perdre impunément de l' encre et du papier.—
<div align="right">BOILEAU.</div>

————◆————

Tan abierto de mano, como se muestra aquí el célebre Vista de Aduäna del Pindo frances, he sido yo siempre con todo jénero de libros: por mí corran todos, tódo se imprima; que el Escritor que errare, en el pecado lleva la penitencia. Ecsceptuo empero de esta absolúta los escritos calumniosos; los cuáles sibien tienen ya amenazado su castigo en estos sentenciosos versos de LOPE

«El Cielo ha consagrado a su venganza
Calumnias y delitos de Tiranos;»

como la piedad perezosa, y la oficiosa ha-
zañería hallan para tódo bula de composicion en este mundo, el remitir al ótro la
pena suele alentar a la culpa con la esperanza del perdon, y con perjuicio comun.

Verdadera-mente yo en este punto tengo para mí que cuanto el puro error es
perdonable, como pension triste de la humana flaqueza, es imperdonable la calumnia; porque en estas cosas del alma la intencion creo yo que es la que sálva, o
condena. El Escritor que calumnia, yerra
a sabiendas : es un alevoso que haciendo
de la pluma puñal, asesina lä honra del
bueno. Para la calumnia, pues, no hai
paso en mi aduäna.

A dos libros ademas, no solo se le nie-
go tambien, como los mas abominables y
nocivos; sino que yo mismo les aplicaría
el tizon de Torquemada. El úno frances
(«Justine, ou les malheurs de la Vertu») obra
del infame Marques de Sádes, tiene por
objeto la sátira de la virtud, y el encomio
del vicio: el cuál se preconiza, como si
fuese el béllo idëal de la naturaleza humana; escarneciendo al mismo tiempo como

santas simplezas todo linaje de virtudes.— Libro atroz e inmundo!

El ótro español, como vaciado en la misma turquesa, no lö es respectiva-mente ménos. Su título *Ecsámen de los delitos de infidelidad contra la Patria:* libro altamente ofensivo a la Moral-pública, en el cuál, con un molinismo político caviloso y absurdo, se intenta probar que no liga en el mundo al hombre otra lei, que la de su conveniencia propia; y que no hai lealtad, ni hai traicion: sobredorando así el mas negro de los crímenes, y cegando la fuente manantial del patriotismo, y de las mas heroicas y sublimes virtudes sociales.

Esta produccion mestiza cifra la quinta-esencia del refinado mal-saber de la Pepinesca: de aquellos españoles bastardos, quiero decir, que en los primeros albores del reinado tormentoso del último Fernando vendieron a su Rei, y se vendieron a un Tirano intruso, para ayudarle a tiranizar la Patria. Su redaccion hubo de ser por ellos confiada, como a la mas elegante de la banda, a la pluma del ABATE REINOSO, que (cierto!) se lució en este empeño del partido. Todo el libro, que es un desaforado volúmen en letra menuda, de

A 2.

impresion subrepticia de Estránjis, se re-
duce a un sempiterno

«Cucú, cucú y mas cucú;»

reproduciendo con una continua perisolo-
jía siempre el mismo argumento, en un estilo fofo; relamido, simétrico y amanera-
do, fria-mente declamador y cansino, hí-
brida mezcolanza de locucion francesa con
tal cual relumbron de afectado purismo
castellano.

Ni aun el mérito de la novedad tiene la
doctrina de libro tan rahez y baladí: para dos mil años va que el paralojista Carnéades, Embajador de Aténas, escanda-
lizó con ella a Roma, cuando empezaba
Roma a ser señora del mundo; y Aténas
esclava de sus vicios y de los errores de
tan prevaricadas doctrinas. El sensato y
honrado CICERON impugnó victoriosa-men-
te los sofismas del opinático Griego, y nos
dejó noticia individual de la disputa bata-
llona que éste sostuvo delante de un con-
curso numeroso, presente Galba, y siendo tambien del auditorio el ríjido Caton:
el cuál, horrorizado de oir a aquel propa-
gandista corruptor, negoció con el Senado
que se le despachase cuanto ántes, porque
no infestase al Pueblo Romano con aquella peste de las almas que vertía de sus lá-

bios. Las individualidades de esta anécdota escandalosa están consignadas en el mas clásico libro de libertad y sabiduría, que escribió el Príncipe de la Oratoria Romana : su tratado *De República* que, habiendo estado diez y ocho siglos perdido, a dilijencia de un docto Bibliólogo ha parecido en estos últimos años: bien que lo tocante al sistema monstruoso de inmoralidad social del discursista Carnéades ya se leía en algunos fragmentos del libro de Ciceron, citados por el Filósofo Cristiano Lactancio Firmian, y por el Fénics de Africa (que decía D· Francisco Manuel) S· Agustin.

Con efecto Lactancio en su *Epítome (De Justicia etc·)* «El tema» (dice) «que defendió Carnéades, fué que no hai Derecho-natural : por consecuencia que toda criatura viviente debe buscar solo su propia e individual conveniencia ; y que así el hombre que por obrar conforme a justicia, sacrifica su provecho al ajeno, no se debe llamar justo, sino necio.»

Y en la obra lata del mismo título (V, 17) ecsplayando más la doctrina gregüesca de Carnéades, siempre con referencia al libro precioso de Ciceron, viene a decir que «Todo Derecho es hechura del hombre; el cuál no establece lei, que no sea para su provecho: por-tanto el Derecho ha variado siempre al tenor de los tiempos y de las costumbres. No hai Derecho-natural: la lei única que la Naturaleza ha dado a todos los hombres, como a los animales todos, es la *conveniencia individual de cada uno.*»

Y S· Agustin en su libro *«De la ciudad de Dios»* (XIX, 21) citando otro fragmento del 3·º de la *República* de Ciceron, ciñe la doctrina del Académico Sofista en estas breves cláusulas: que *«Nuestro interes particular es el único que debe guiarnos en todo:* y que no hai mas Lei-natural, que la utilidad propia; ni otro Derecho, que la conveniencia del mas fuerte.»

Estos principios antisociales que el Filósofo Lactancio Firmian, poseïdo de un santo zelo, increpa de ponzoñosos y sofísticos *(arguta haec planè, ac venenata sunt)*, son los mismos que se sientan en el ecsecrable libro del Abate Reinoso y Compañeros Mártires.

Ahora, pues, si conforme a la sentencia moral, puesta en sus Coloquios por nuestro docto Filólogo Hernand-Alonso de Herrera, y que desde luego puede ponerse, como uno de tantos, en el número de

los Proverbios Españoles, «Cual libro leemos, tal vida hacemos» : con mas razon
pareee que «Tal vida harémos, cual libro
escribieremos» . (*) Andando así las acciones al son de las obras en lei de proporcion
y trascendencia del Escritor al hombre
(puesto que entre el cerebro y el corazon
no hai medianil); al Autor que profese los
principios acomodaticios de Moral elástica
y Política parda, estampados en el libro
del *Ecsámen*, no se estrañará verle mover
segun los vientos que soplen, fácil veleta
al hilo de los tiempos y las circunstancias,
sin otro norte, que aquello que bien le
venga en derecho de su dedo; pues, como
Carnéades, no reconoce en el fuero ecs-
terno otra lei, que la lei del mas fuerte;
ni en el interno, que la de la conveniencia e interes individual.—Este catecismo
pronto se aprende: *¡Viva quien vence!*

Que Fernando vive y reina.— «Por los

(*) *«Breve Disputa de ocho levadas contra Aristótil
y sus secuaces, compuesta por* HERNAND-ALONSO DE HE-
RRERA; *hijo de* LOPE ALONSO DE HERRERA» (*y hermano del
famoso* GABRIEL).—4.° let· gót·

Este libro rarísimo, cuyos ejemplares, a causa de la
irritacion y sinsabores que causó a ótros y a su Autor,
fueron en gran parte destruidos, lleva al fin este membrete:

¶ *«Acabóse esta obra en Salamanca, víspera de Cór-
pus-Christi, año de...1517.»*

siglos de los siglos: ¡Viva Fernando!»

Que el Jérjes de la Francia se descuelga de los Pirinéos con sus falanjes: que con la fuerza, o con la maña (merced a ruines!) de buénas a priméras el Emperador de los franceses arrolla al flamanto Rei de los españoles.— «El Rei que rabió: Dios le tenga en descanso: ¡*Vive l' Empereur!*

Que cayó Napoleon.— «Murió por quien tocaban. Otro al puesto.»

Vuelve el Rei a reinar; pero...(con su sal y pimienta) con Constitucion.—CONSTITUCION!!..Constitucion divina! ¡Viva el Rei Constitucional!»

Nó sino *absoluto.*— «¿*Absoluto* dijiste? Pecho por tierra: ¡Viva el Rei absoluto!»

Tros, Tyriusve.

«El dice: «Pese, o no pese,
Yo soi de ese parecer.»
Dice otro: «no puede ser;»
Y él dice: Tambien soi de ese.»

El es de todos, como le traigan interes.

Y si a vuelta de estos casos acaecederos acaeciere que en la aurora mas risueña de felicidad pública, como el zierzo que pasma los prados y las flores, vomitase el Septentrion sobre nosotros un ajente rudo del Autocratismo absoluto, que viniese a montarnos a la kalmuca; no hai

dudar que, si a nuestro omnímodo utro-
que le hace buen juego, el Kalmuco en-
cuentre en él instrumento amañado para
todo: y...los prados se convertirán en se-
pulcros, el suelo de las Españas será un
cementerio, y la sangre correrá donde
empezáran plácida-mente a deslizarse las

«Corrientes aguas, puras, cristalinas.»

Hombres así tienen el alma en borron; y
son como las tabletas de los libros de memoria, donde lo que hoi se escribe, mañana se borra. Una tal conciencia de jare-
ta es como la romana del Diablo que, segun la comun fórmula proverbial, diz que
entra con todas: a donde carga la balan-
za del poder y del interes propio, allá se
carga: que esa raza de jentes, como los
camellos se arrodillan para despues le-
vantarse con la carga, se echan ellos
por tierra para alzarse con los cargos!

«Asi se vive en puestos y en honores
Con solo en la opinion cambiar colores.»

Ya Moro, pues, ya Paladin, cuando este tál mas de punta en blanco fuere esto,
seguros podemos estar de que se reserva
in-péctore la futura de lö otro; por si a
mala vez el dia de mañana se nos colare
de los Moros de Allende algun tátara-choz-
no del Rei Chico, reclamando en el nom-

bre de Alá y su Santo Profeta, apoyados
con medio millon de cimitarras, los lejí-
timos derechos que la sangre, y éstas y
aquéllos le dieren al suelo que pisamos,—
poder él ser con los Moros Moro de tur-
bante y almalafa.—*¡Viva quien vence!*

Despues de este largo, cuanto preciso
preámbulo, no ménos para establecer la
cuestion, que para resolverla, toquemos
ya el nudo de la dificultad, atando cabos
de antecedentes con consiguientes: quien
bien ata, bien desata. Vamos al punto crudo.

En sus obras se ven vivos los Autores:
los escritos son la fisionomía del alma; y
así como por las facciones del rostro tras-
lucen los Fisionomistas la capacidad ë ín-
dole de los sujetos; bien-así los Críticos
por los rasgos de la pluma. Del DOCTOR Pu-
YASOL, a quien debe la España la *Filosofía sagaz y Anatomía de injenios*, impresa
en Barcelona por Corméllas siglo y medio
habrá, era celebrado entre sus contempo-
ráneos el raro talento fisionómico. LA-
VÁTER aseguran que no sola-mente conocía el de las personas por los lineamentos
de la cara; sino por las líneas y trazos materiales de la pluma: de forma que con

solo ver la de la letra de cualquiera, le deletreaba por ella él el alma. Yo no presumo de ser tan perspicaz como el uno, ni como el ótro de estos dos Sabios; pero con solo ver el *Ecsámen de los delitos de infidelidad del* ABATE REINOSO, he adivinado lo que podía ser sü *Oda a la muerte de* ZEAN.

Este mio, en verdad, no le estimo yo por ningun portento de penetracion: en el juego, vista la mitad de una carta, no se necesita ser gran saje para brujulear el resto. Vista, pues, por mí en ese escrito la mitad del alma que su Autor no ha podido recatar, lä otra mitad ya sin gran trabajo se deja conocer; y así, o asá, ello es que yo ántes de leer los versos, que oí celebraba alta-mente un alumno del Abate Lista (de una misma escuela todos tres, Mäestro, discípulo celebrante, y amigo celebrado; y otros trés más que tambien los celebraban por cuento de cuentos) preguntándome qué tales me parecían, respondí que «táles cuáles.—¿Como qué tales?—Así así.—Y ¿náda mas?—Ni nada ménos.»

Lo mas donoso del caso era que yo, cuando tál aseveraba, no había leido tal cancion ni tal jácara; y así se lo hube de confesar lisa y llana-mente a sus celebradores. «¡Raro modo de criticar» (me arguyeron tódos de monton) «criticar las obras sin haberlas leido!—Nó tan raro en mí» (contesté injenua-mente), «que sea ésta la vez primera, que así critico: con la circunstancia de que me lisonjéo de que no será tampoco lä última que acierte en mis Críticas proféticas. En otra tal como ésta hice otro tanto, y acerté.»

Y así fué en hecho de verdad, con ocasion de ponderarme otro tal como aquel, y tambien de la misma escuela, la *Traduccion de* HORACIO por Búrgos o *Burguíllos* (que Burguíllos y *Búrgos*, a lo de *Sotillo, Soto* y *Soto-mayor*, * llamaban entónces mondo y lirondo, porque era un pobre Periodiquista de panza al trote que apénas tenía capa en el hombro, al que hoi llaman Ecscmo· Sr· Burgos, porque tiene veinte millones con que quebrar, o com-

---

* «Yo conocí un tál por cual, | Conocíle yo despues;
Que a cierto Conde servía, | Y ya se llamaba *Soto.*
Y *Sotillo* se decía. | Vino a fortuna mayor
Creció un poco su caudal: | (Era su nombre de gonces):
    Salió de mísero y roto, | Llegó a ser rico, y entónces
Hizo una ausencia de un mes: | Se llamó *Soto-mayor.* »

CALDERON: *El ingrato,* comedia famosa, jorn· 1·ª

prar braguero de oro, si quiebra; y tiene palacios que le quemen, etc· etc·) Era el tal ponderador el insigne y nunca bien ponderado D· Agustin Duran; y yo ántes de verla, le sostuve que no podia ser buena la traduccion de *S· Ecsc·* (que digamos) fundado en que quien escribe, como escribe un tal Traductor, no puede traducir bien a un Autor que escribe como Horacio. Pusímonos a la prueba; y el que con tal devocion rezaba laudes, y completas, en pro del dignísimo cofrade de su Divino Maestro, (viva está en el mundo la verdad) desrezó lo rezado, confesando en buena conciencia que yo tenía razon.

«La que entiendo me asiste en el presente caso, se funda en estas congruëncias. Yo, repito, no he leido lä Oda; pero le he leido al Autor el alma en su libro del *Ecsámen;* y esto me basta para fundar mi fallo. Quien escribe un libro de tan insana doctrina como ese tal, no puede tener sano el corazon: teniendo el corazon dañado, no puede sentir bien; y mal sentido un pöema que es de suyo sentimental, como el Epicedio, cuyä alma es la sensibilidad, será un cuerpo sin alma, desalmado, u de malä alma. Tengo, pues, para mí que lä *Oda de* D· Felics Reinoso a

D· Juan Agustin Zean Bermudez no puede ser buena.»

Volviendo en fin a la misma Cancion, concluyo que de este fallo que, cuando äun no la había leido, adelanté a sus encomiastas ; despues de leida, no es tanto lo que he tenido que rebajar, como para creer que la pieza pase de una ménos que tolerable mediocridad.

El anatema de Horacio para casos tales está fulminante en su cánon «Mediócribus esse Poetis;» donde dice espresa-mente que a estos tales Pöetas de media talla, ni Dios, ni los hombres, ni aun los postes mismos los pueden llevar:

«Non Dii, non hómines, non concessere columnae.»
Lä Oda está escrita en estancias fijas, en pies y consonantes. La combinacion de sus rimas y versos, cortos con largos, no es la mas feliz : en una estrofa de seis versos ir los cuátro de dós en dos , como los Frailes, da a la composicion cierto aire entremesil, nó el mas digno de la gravedad lírica, ni de tan lúgubre asunto.

Otro mal concierto, chocante al oido, se advierte tambien: las estancias acaban en pareados, y en vez de buscarse el final rotundo cerrando el período en el verso largo, que llena más el oido, acaba como seguidilla en el pie quebrado: lo cuál hace sentir no sé qué caida en vago, que lleva los oyentes al compás del Cantor a la coj-cojita.

El argumento del pöema es la muerte de ZEAN-BERMUDEZ, Biógrafo de los Pintores, Escultores etc· de España. La Musa, con mil dengues y melindres, toma la tïorba, y a fuer de viuda verde que con un ojo llora y ótro guiña, canta y llora, rompiendo así :

«*Vuelve a mis manos, olvidada lira;*
Y si al fugaz contento
Ya no responde tu cansado acento,
Sosten mi flaca voz, cuando suspira:
Ministra un tiempo del alegre canto,
Hora templa mi llanto.
    Llanto debido a la virtud severa,
Debido a la fe pura,
Y a los talentos que en la tumba oscura
Con BERMUDO *lanzó la Parca fiera.* (*)
¡Ai! llanto inútil para dar la vida
A la sombra querida.»

Despues de este pasa-calle, y tras este flauteado de rimas, que van en escalerilla, como cuando se tecléan para probarle,

_____

(*) «*Falté yo, faltaron ellas:*» dice de las modas en el Entremes de *Los Locos* un maniático, invencionero modista.

los rejistros de un órgano nuevo, de la priméra a la segunda estrofa, *ira-ira, era-era, ura-ura, ento-ento, anto-anto,* nos anda el Cantor en discantes sobre si el discreto muere, o no muere, como el necio; y el buéno como el malo :— «que sí;— que nó.» En fin parece como que se decide por la sentencia de aquel Sabio Rei del Oriente, hijo de

«El coronado Autor del miserere»

de que *«unus intéritus est hóminum, et jumentórum:»* latin de breviario, que en buen romance viene a decir en substancia que en lo que es morir no hai diferencia entre un Doctor borlado y el idiota que no tiene en la testa mas letras, que un burro lerdo.

Más luego vuelve sobre sí, y dice que necuácuam : que el *Sabio vive: vive el justo:* no mueren : (eso de morir quédese para los tontos):

«*No:* vive el JUSTO : *a la mansion impura*
De la maldad robado,
Eterno vive *do no agravia el hado.* (*)
Vive el SABIO en sus obras: *su memoria*
A par del tiempo crece."

(*) «Maldito verso, digno de entremes!»-T· IRIARTE.

Estas son habas contadas: *Sabio* y *justo*
era B<small>ERMUDO</small>: érgo no murió : *eterno vive*
(sino que se ha mudado a vivir a otro ba-
rrio).—Se acabó el duelo: fuera réquiem!
¡Albricias y aleluya!

Las pruebas que nuestro Vate o Abate
da, de que el S<small>ABIO</small> *siempre vive*, son mortales : en la estancia siguiente las alega,
nó lójica, sino poética-mente: esto es, por
medio de símiles o imájenes. La compa-
racion de que se vale, es tan clara, como
el Sol cuando se pone (o digamos *traspo-*
ne; porque no nos caiga la maldicion del
culto S<small>OLIS</small>:

«Dime, inventor de frase tan maldita,
¿Cómo se pone el Sol, cuando se quita?)

Volvamos al argumento: premisas, pruebas :—liguemos antecedentes con medios,
para deducir consecuencias :

«Vive el S<small>ABIO</small> en sus obras: *su memoria*
A dar del tiempo crece.»—
(Y de que *vive* y *crece* no hai dudar : *vive*
y crece,
Como la luz del Sol, cuando anochece.

¿Mas claro?) Esto en canto llano es lo que
viene a decir el A<small>BATE</small> R<small>EINOSO</small>: pero allá
va lo que él dice, en su misma solfa, sin
poner, ni quitarle ápice : términos terminantes :

B

«Vive el SABIO. en sus obras: *su memoria*
A par del tiempo crece.
　Así *bajando el sol a la onda fria*
Buñado el orbe deja
En blanda luz; y cuando mas se aleja,
De otros fanales *su reflejo envía,*
Lumbreras *que en el huérfano hemisferio*
Hacen durar su imperio.»

A los ojos vulgares es verdad que, tras-
puesto el sol, tódos parece que se quedan
a buenas noches: mas ese es un trampan-
tojo: aquí hai úna de quita y pon que parece juego de boliche, y no es sino cuenta de multiplicar, en que por algorismo
pöético, lo que parece que se resta, se suma. Ajustemos estos quebrados.
　Muchas candelillas hacen un cirio pascual; y tantas pueden ellas ser, que hagan
dos, y aun hagan mas. Si, pues, por la
noche no hai sol; para eso bien que hai
luna, y hai estrellas.—Argumento. De dia
alumbra el sol, que es solo, uno y único:
de noche mil y mil *lumbreras:* de uno a
tántos ya se ve que lo que va, es cuento de
cuentos: (váyame Ud· si nó a contar el
número de las estrellas de esos cielos de
Dios!)—Ergo *crece* la luz, porque crecen
los alumbrantes. Luégo es mas clara la noche que el dia; y por semejanza, símil o

paridad pöética está vivo un muerto, y aun
está mas vivo un muerto que un viviente.
¡Estupenda cosa! ¡Lo que es el saber! ¡Vaya, que estos cachi-diablos de Pepinos saben mas que Grijan! Hasta tabla nueva de
contar nos han de meter en casa.—

Pero el sol y los planetas ¿son una misma cosa?—Si no son número e ídem per
ídem unos mismos, pues ya el Pöeta dice
que son *otros:* al fin *uno* y *ótros* son Her-
manos de luz, y pueden andar en esta procesion, aunque la luz sea prestada en los
que la dan porque la reciben: y como de
la familia, tódo viene a quedarse en casa.
Hijos del Sol que alumbra el Padre de las
luces, en cuanto al alumbrado de noche,
puede decir lo que al Zid Campeador dice
el otro Monje Cogulludo en el romance
viejo:

«Home soi» (dijo Bermudo)
«Que ántes de entrar en la Regla,
Si non venci Reyes moros,
Enjendré quien los venciera.»

Este embolismo pöético de nuestro buen
Abate me trae aquí a las mientes la tra-
ba-cuenta de los huevos del silojismo:—
y va de cuento.

Erase, como digo de mi cuento, un honrado Labrador; y este Labrador tenía un
solo hijo, y a este su único hijo, no que-

riendo su padre verle hecho un destripa-
terrones como él, le mandó a estudiar a
Salamanca. De vuelta, a la veranada, que-
riendo el padre ver si Salamanca había entrado en su hijo, como su hijo en Salamanca, le preguntó qué había estudiado.
—«Lójica, padre» (respondió el escolar).
—«Y ¿para qué sirve eso, hijo?—Padre,
para hacer silojismos.—Y esto ¿para qué
es bueno?—Diré a Ud·, padre» (replicó el
hijo): «los silojismos sirven, como verbi-
gracia» (estaban sentados a la mesa, donde acababan de servir [hablando con per-
don] un par de huevos duros) «¿ve Ud· estos dos huevos? pues con un silojismo voi
yo a hacer de estos dos huevos trés.—(Eso
no es malo para la casa. Mira, mujer, lo
que sabe tü hijo!» Y continuó el hijo, y si-
lojizó sobre los huevos en esta forma):
«Aquí hai dos huevos.—Es verdad.—Don-
de hai *dos*, hai *uno*.—Cierto.—*Uno* y *dós* son
tres: érgo aquí hai *tres* huevos.—En hora
buena:» (dijo el padre con socarronería,
echando mano a sus huevos) «pues, mira,
hijo, este huevo es para tu madre: estó-
tro para mí; y tú te comes el huevo del
silojismo.»

Este es el cuento, y nada mas. Pero
como hai personas que no gustan de cuen-

tos, y en este negro oficio u ejercicio de
Escritor hai que dar a tódos gusto: para el
que no guste de cuentos, allá va ese suce-
dido, que es caso auténtico, y me parece
que viene a cuento en esto de la cuenta.—

«Muchachos!» (decía un Comandante de
Guerrilla a una partida suya): «a echar el
aguardiente; mochilas, y marchen; que al
cerrar la noche es preciso estar en tal
punto.—¡En tal punto, mi Comandante!»
(contestó el mas vivo de la cuadrilla) «Pues
si hai de aquí allá diez leguas mortales!—
¿Diez leguas?» (replicó sobre la marcha el
chusco Comandante, hombre de rompe y
rasga:) «Y ¿qué son ahí diez leguas de mala muerte para entre treinta mozos, como
treinta lëones?»

Las reglas de partir de nuestro Guerri-
llero debían de ser como las de sumar del
Salamanquino, y las de multiplicar del
ABATE REINOSO.

Mas, como quiera (volviendo al alumbrado) alumbre uno, u alumbren múchos
con la luz que el uno les presta, como en
un monumento con la luz de una sola vela se
encandilan todas, aunque mas y múchas
ardan; y sea así en hora buena la noche
mas clara que el dia, aunque nosotros no
lo alcancemos a ver, pues basta que lo dí-

ga un Sabio como el Abate , para que ce-
rremos los ojos para verlo y creerlo:—al
fin fin, ello es que *el* SABIO *vive* inmortal
en sus obras.—

Pero si en sus obras vive, lo que sus
obras duren, eso durará su ecsistencia: regla de proporcion y cuenta cabal.—Fijo:
más no hai regla sin ecscepcion; y nuestro
injenioso Autor, mirando siempre por los
suyos, parece que la ha encontrado, y
mui privilejiada, en favor de la jente de
pluma. (¡Ruin sea quien por ruin se tenga!)
Ya vimos al principio como él se tiene
allá su Política parda, fundada en la lei del
encaje: acabamos de ver que se tiene tambien su Aritmética peculiar: y ahora por
fin verémos que hasta su Química vital se
tiene, con elícsires de vida perdurable, y
polvos esterminadores para todo lo criado por la Naturaleza o el Arte.

Señor así de horca y cuchillo, mata de
una plumada a todos los Artistas de España, para que campe solo su Historiador
ZEAN: y borra, y rasga y quema pintúras
de tablas, lienzos, muros, mosaicos; y
derrite, y desmorona todos los mármoles
y brónces de estátuas, bustos y relieves,
pedestales, columnas, pirámides y obelis-
cos : para que ZEAN y sü obra, estampada

en frájil papel (es decir, su *Diccionario* de *Pintores* etc·, y sus lardones y pegotes a los *Arquitectos* de LLAGUNO) vivan y reinen por los siglos de los siglos!!

Efectiva-mente el SEÑOR REINOSO, por licencia pöética sin duda, concede una duracion efímera a todos los monumentos de las Bellas-artes, pàra dispensando, de su bella gracia, a los escritos la prerogativa de que duren eternidades, que vivan en ellos eternos sus Autores. Arguyendo de lo particular a lo jeneral ha querido con una golondrina hacer verano: y porque el libro Hache, supongamos, duró por chiripa mas que el mármol, o el bronce o la tabla Erre; pretende que los libros duren por peñas, y que los mármoles y los bronces se deshagan como la espuma. ¡Fuerte empeño! Pero oigámosle a él mismo, confundiendo siempre con lo vivo lo pintado, paralojizar en verso :

    «Ansioso el vïajante busca en vano
Los portentos de Apéles
Y el mármol seductor de Pracsitéles,
A quien Gnido ofreciera culto insano.
Solo del tiempo su memoria Plinio
Arrebató al dominio.»

Pero que lo escrito sea indeleble, indestructible ¿es así verdad?—Como lö otro;

es decir, como la noche es mas clara que
el dia. Si los escritos de los Sabios goza-
ran ese privilejio, si los libros fueran de
amianto, e incombustibles las Bibliotecas;
no yacería el jénero humano en la infancia
eterna de la ignorancia y del error. Mas,
por desgracia, todä obra del hombre es
perecedera: las Bibliotecas perecen, como perecen los Muséos: el tiempo devo-
rador tragando jeneraciones, sepulta en las
tinieblas los monumentos del humano saber, destruyendo a veces de un solo gua-
dañazo lo que con penoso afan se ha ido
labrando en siglos de siglos. Sin remontar-
nos a los misteriosos Ejipzios y otros pueblos sabios, que se pierden en el cáös ló-
brego de los tiempos; ¿qué nos ha quedado de la sabiduría Griega? ¿Qué de la cul-
tura Romana? Y acercándonos a nuestros
tiempos, y a nuestro pátrio suelo ¿qué no
ha destruido entre nosotros la ilustrada
barbarie francesa en la guerra Napoleónica, ministros de la devastacion el mismo
Abate endechador, y otros desnaturaliza-
dos españoles, de su misma categoría? De
dos-mil pasan las Bibliotecas desmantela-
das en la Península: en solo un pueblo
(Valencia) se vieron entre ótras dós de las
mas ricas y selectas de Europa reducidas,

en minutos a pavesa : la llamada del Arzo-
bispo, y la de la Universidad. Allí murió
en sus obras (pues en sus obras vive el Sabio) un Sabio español de primer órden:
el Bibliotecario Perez-Bayer. Sobre veinte volúmenes, MS· inéditos de su laborio-
sa y elegante pluma perecieron allí al furor de las llamas, con duelo jeneral de los
Doctos. *¡Sic transit gloria mundi!*

Paralelas en la mortalidad las obras de
la pluma con las del pincel, del cincel y la
escuadra; hermanas pintiparadas las Bellas-artes y las Bellas-letras, gozan parejas
de la inmortalidad de la fama ; que es la
única sobre-vida que la segur del tiempo
dispensa en este mundo a todo lo humano.
Así las pinta con mano mäestra, y con tal
valentía, que puede la Pöesía envidiar a la
Oratoria sus colores, un elegante Biógrafo lamentando la muerte de su amigo D· Antonio de Solis. No puedo robarme al
gusto de transcribir aquí sus palabras: para que el contraste haga resaltar más la
diferencia de pluma a pluma, tratando un
mismo asunto, entre un Escritor sensato
que escribe con saber y pulso, y ótro que
pendoléa al aire, arrebatado de un fuego
fátuo de hechiza fantasía, que quiere ven-

dernos por divino entusiasmo, y no es sino frio cálculo de la vanidad, y espíritu
de pandilla.

«Gozan inmortalidades en el templo de
la Fama los que con feliz destino nacieron
para sugetos de singular categoría. Los demas hombres mueren, cuando mueren: los
Varones insignes aun cuando mueren, viven: mueren a la vida que recibieron de
la Naturaleza; y viven con la vida que se
fabricaron con sus heroicas obras, eterni-
zando su fama. Prerogativa grande, vivir
a pesar de la muerte!

«Puede ésta desatar en ellos aquella la-
zada, de que está pendiente la vida: pero
no puede romperle su sonoro clarin a la
Fama, en cuyo metal noble nunca pudo
hacer mella ni el golpe fatal de la muerte,
a quien ninguna vida se resiste.

«No acaban con el último aliento los que
duran en el inmortal retrato de sus hechos
y de sus escritos. Así viven äun, y vivirán
los ARISTÓTELES, los SÉNECAS, los DE-
MÓSTENES, los TULIOS, los LIVIOS, los HOME-
ROS, los VIRJILIOS, los GARCI-LASOS, los LO-
PES DE VEGA, los GÓNGORAS: y así tambien
vive nuestro D· ANTONIO DE SOLIS. Vive,
y vivirá como aquéllos en los anales de los
siglos, sin tener que envidiar a ninguno

de los que pasaron; pues venerará la posteridad un portento en cada curioso rasgo de sus discretísimos escritos....*Escribía para la inmortalidad* D· Antonio, como *pintaba* el famoso Zéucsis.» (*)

Otro pasaje análogo, tambien de Escritor antiguo Castellano, quiero estampar aquí a mayor abundamiento, en gracia de la juventud ilusa por mal doctrinada; para paladearla al sabor de nuestras leyendas castizas, y que vayan perdiendo el hámago de la lengua bastarda, en que les han hecho las entrañas algunos malos Mäestros, que, desde la fatal irrupcion francesa se han apoderado de la enseñanza privada, teniendo abierta cátedra secreta de pestilencia. Èstos, para paliar su ignorancia, (que la tienen crasísima en nuestras cosas) alucinan a los incautos persuadiéndoles que náda hai en Castellano digno de leerse. Así los retraen del manejo de nuestros buenos Escritores, y nos tienen echados a perder a muchos jóvenes de grandes esperanzas, cuyo buen injenio, bien dirijido, honraría las Buenas-letras; pero que viciados con el pésimo ejemplo y dañada

---

(*) *Vida de* D· Antonio de Solis, *por* D· *Juan de Goyeneche.—Madrid*, 1692.

doctrina de sus Preceptores, hablan tal
guirigái, que es grima oirlos. Pues escribir; ¡cómo escriben aun los que mas pre-
sumen de pluma galana, y de mas altane-
ro vuelo! Icaros y Fäetones locos, cuando
con mas bizarro brio se remontan, no es
sino para estrellar-se mas lastimosa-mente.
¡Maldita Escuela Gabacha, que nos ha
corrompido la lenguà, las cabezas, entrañas y todo!

El pasaje siguiente es de PELLICER en su
libro *Poblacion* y *Lengua primitiva de España*, impreso en Valencia el año de 1672:
tiempo ya entre nosotros de decadencia
en poder y Letras, la cuál fué subiendo de
punto, segun iba subiendo el siglo a cerrar su período. De intento he escojido
Escritores de esa época, para que se vea
qué de buenas cosas no se escribirían en
el buen tiempo; cuando en el de la corrupcion del gusto se lograban tan felices rasgos. Dice así:

«Los mortales, ambiciosos de la fama,
de la inmortalidad y de la gloria, viendo
que el TIEMPO, de quien la ANTIGÜEDAD es
hija, corría tan veloz, y que de su larga
carrera nacía el OLVIDO; erijieron un templo, donde cupiesen TIEMPO y ANTIGÜE-
DAD, y donde permaneciesen en venera-

cion y custodia. Este se compuso de los materiales de la HISTORIA, donde residen vivos los simulacros de tiempos y antigüedades, que no caducan como los de mármol, jaspe y bronce, sino que *duran, mientras la* HISTORIA *dúra* constante...

«Pero el mismo TIEMPO, enemigo de los monumentos de piedra, ingrato a los innumerables de *pluma,* de quien debe ser custodia fiel, pues la conservan siglo a siglo, edad a edad, y año por año, *no perdonó a los volúmenes* amigos, por quien vivía, y su pretérito estaba siempre presente. Con el mismo rigor que las monarquías y coronas, *arruinó las Historias antiguas*...de las naciones primitivas, dejándolas a tódas ignorantes de sus oríjenes.»

Volvamos a nuestra Cancion.—Zanjada toda lä obra sobre cimientos tan falsos, como queda reconocido serlo esos dos pensamientos, que son la piedra fundamental y angular, sobre que se sufre y traba la máquina de todo este edificio poético; visto es que su fábrica estriba sobre falso, y está, como suele decirse, a la malicia. Ruinoso, cual hemos reconocido, el cimiento ¿qué necesidad hai de reconocer lo demas del edificio? Para echar un árbol

abajo, no es menester andarse por las ramas, en dándole por el pie. Al tronco, al
tronco!

Como ramo de Pöesía filosófica y moral, que es la presente Oda, al fondo de
imajinería, alma de todo pöema, y a la parte de pensado ha de corresponder su parte
de afectos: todo Epicedio debe hablar al
alma y tocar al corazon. Nuestro Abate
Pöeta no se ha olvidado de tocar este rejistro, y así ha marcado oportuna-mente
en su composicion el lugar de los afectos.
El lugar efectiva-mente está marcado, y el
lacrimatório puesto: pero es nicho sin santo : las lágrimas y los afectos, Dios los dé.
Hale habido en ésto de suceder al pobre
Señor lo que en mis verdes años contaba
de cierta Dama galante el Libro-verde de
los lechuguinos de entónces. Llamábanla
por remoquete Madama Sitios, nó a título
de sus Aranjueces ni quintas, porque no
era la buena Señora de las mas dotadas en
bienes de fortuna: pero de no serlo mucho más en algúnos de naturaleza, parece
ser que era de donde había titulado. Eso
sí, lindo pico, bellos ojos, buen aire, jentil garabato, y sobre tódo múcho de lo bien
prendido: mas con todas éstas y otras mil
gracias era la tríste una viviente anatomía,

una Muerte viva y andante: tan enjuta de
mofletes, como bruja que chupa túetanos,
ella no tenía mejillas, pero tenía sitios capaces, donde acomodarla las del mas ca-
riharto Querubin de retablo, u las de cualquiera de los cuatro vientos cardinales de
un mapa-mundi. De pantorrillas no se hable, ni brizna tenía: pero tenía los sitios
marcados parä ellas. Pechos?—ni jenera-
cion; tabla rasa y monda, como el alma
de un tonto: mas por una doncella, mal
despedida de la casa, se averiguó que si
su Señorita no tenía pechos, tenía sus se-
mejas, plantificadas en sus competentes sitios de mui jentil borra.—¡Flaquezas humanas!

Pero dejemos a Madama Sitios; y volvamos al de lo patético de lä Oda.—Nuestro Abate endechador (decia) no se ha olvidado de tocar este rejistro; y al fin de
su Epicedio, que es su propio lugar, hace
por mover los afectos encaramándose a
predicar: pero suda frio el Orador. Su
ternura es sobrepuesta; la penúltima estrofa, donde trata en una escena lastimo-
sa de pintarnos *bueno* a su HEROE, como
le deja pintado *Sabio*, se conoce que es
pintura; y no se necesita más para frustrar
todo el efecto que pudiera surtir la predi-

cacion. Verdadera-mente aquello de

"¡Ah! yo lo vi: *cuando a mi lado un dia*
Al infeliz doliente,
Al mísero amparaba...»

tiene no sé qué resabor a lo novelesco, es-
tudiada-mente sentimental, del dia, cosa
ya tan comun, que hoc-ipso yela, en vez
de encender en compasion las entrañas, y
empalaga y provoca a nausea. La afecta-
cion de sensibilidad es la mas fastidiosa y
chocante de todas las afectaciones. Éste
no es el idioma del dolor: el dolor no se
esplica con tan filatera retrechería.

La solemne aseveracion de *yo lo vi,* a-
rrancando en el *áh* esclamativo , anuncia
como que va a contarse alguna vision peregrina; y al ver que el Abate ha abierto
tanta boca para una cosa tan cuotidiana y
casera, que segun su decir vago, no suena
mas que, como si dijéramos, a dar de limosna un ochavo ä un pobre, ö un caldo a
un enfermo, eso es ya para dejar hecho un
carámbano al mas fervoroso lector u öyen-
te. ¿A qué tanto aspaviento? En honor del
siglo en que vivimos, debe decirse que las
obras de misericordia no son en el dia tan
raras, que hayan de contarse los casos de
ellas como quien cuenta portentos.

Sin embargo, lances hai tales, y cir-

cunstancias tan estrechas; que aun esos
escasos aucsilios puedan ser en ellas de
grande alivio para la humanidad desvalida
o doliente. Bien pudo esto verificarse en
los horrores del hambre y la peste que afli-
jió a Madrid y sus contornos por última
plaga, para acabar con lo póco que había
dejado a vida el hierro y el fuego ester-
minadôr del Tirano, a quien, vueltas fria
y alevosa-mente las espaldas a su Rei y a
su Patria, servían a la sazon el Cantor y
el cantado:—ese decantado Arístides, a
quien nos quiere el Pöeta pintar como el
dechado mas perfecto de *severa virtud* y de
fepura, habiendo faltado escandalosa-mente
a los mas santos deberes que ligan al
hombre con el hombre, y a los hombres
con la Patria que les dió el ser:—y ese
Cantor de gori-gori, que se nos viene aquí
mintiendo lágrimas de llora-duelos sólo por
cumplir con la obligacion del dia, y el faus-
to y pompa del partido; y que debía derramar a torrentes lágrimas de sangre, para borrar la rastra de sus yerros contra la
Patria, la verdad, la razon y la justicia.

¡ *Fe pura, virtud severa* !! ¿ Pudiera
decirse más en el Elogio de un GUZMAN
EL BUENO ?

C

> « Que venza Aquíles, que le cante Homero:
> ¿Quién se lo acusa? Mas Sardanapálo
> ¿Por qué tendrá Cronista lisonjero? »

Fe pura!—Tu fe te salve, magancés aleve. ¿*Fe* tú, ni los tuyos? La de Júdas, que vendió a su Señor.

¡Qué oficiosos y profusos andan siempre en alabarse los únos a los ótros esos Señores de la *Pepinière!* Claro está: de fuera ya su conciencia lacrada les dice que no les puede venir la alabanza; y concomidos así, hacen como los rocines sarnosos, que cruzando de par en par los cuellos, y estirándolos hasta juntar diente con carona, se rascan y mondan la roña únos ä ótros.

Esta tan cacareada virtud del muerto, gracia en fondo de pecado mortal, que tánto nos encarece en su malogrado el Panejirista plañidor, merece el panejírico que pudiera hacerse de la de los *Bëatos de Cabrilla*, forajidos del siglo XVI, que salteando y robando, en medio de eso andában siempre ceñido cordon y sayal franciscano; y tenían hecho voto de nunca robar a los pasajeros sino la mitad de lo que llevasen; siendo en este punto tan ajustados y estrechos de conciencia qué, una blánca que se atravesase, querían

partirla por medio con el viandante, y es-
crupulizaban de tomársela entera, diciendo melosa-mente: *con lo que es nuestro nos
haga Dios merced*! (*) Mas... «para conmigo no hai palabras blandas; que ya yo
os conozco, fementida canalla, dijo Don
Quijote. »

Si á alguna escena, pues, de las ter-
nísimas de ese retablo de duelos de la
peste y el hambre de Madrid (que ha eternizado el pincel) hiciere referencia ese
rasgo poético de la Cancion; caso es entónces de repetir con aplicacion al difunto, cuyo sermon de honras nos predica
en verso el Abate, aquel epitafio sabido:

« El Señor D· Juan de Robres
Con caridad sinigual
Hizo este santo hospital,...
(Y tambien hizo los pobres).»

Mas concluyamos con nuestra cantile-
na.—Lä última estancia en que ya el Pöeta endechador parece como que quiere
echar todos los rejistros de lo patético,
está llena

« De insulzez y poético desman.»

_____

(*) V· el libro del cultísimo Lic· LUQUE FAJARDO:
Fiel desengaño contra la ociosidad, que cita Pellicer
(el Bibliotecario).

C:

. Aquello de haciendo pucheros, entre jemidicos y lloramicos de plañidera, apostrofar al difunto, riñéndole y llamándole tódo a un tiempo; como verbi-gracia:

«Esquiva
Huyes *hora mi abrazo,*
Çara imájen?.. Óh! ven...»

(perdóneme el Señor D· Félics de Reinoso) es a todas luces soberana-mente ridiculo y sandio. Reconvenir al que la muerte arrebata, con que él por su pie se nos va y *huye*, es absurdo sarcasmo; y llamar así a quien no puede venir, pueril simpleza.

Al llegar a este paso confieso que no he podido ya más conmigo, y he soltado los diques a la risa. Lo del *huyes,* y el Abate con sus hopalándas, a vueltas de la *cara imájen,* haciéndola el pio-pio, me retrahe aquello del Entremes de *Los Locos de Sevilla*; donde el Harriero loco, antojándosele que el Ganso miron que había ido a ver aquella santa casa de S. Márcos era su húespeda, le empieza a camelar, trabándose entre los dós un coloquio del tenor siguiente:

« Loco. – No juyas , prenda adorada.
Ganso. – Sí juyo, adorada prenda. »

En suma esto es un risorio, tanto mayor, cuanto más el Pöeta puja porque sea un valle de lágrimas. El don de lágrimas es don del Cielo, que no poseen sino los que saben sentir; y a los que sin él pretenden ablandar córazónes, podemos decirles lo que Mäese Pedro al Mono Titeretero:

«¿De qué sirve tu charla sempiterna,
Si tienes apagada la linterna?»

LAUS DEO.

HIJUELA

AL PASATIEMPO JOVIAL.

«En fin, Señores,» (decía de un cierto boquimiel uno de aquellos hombres injenuos, de los de al pán pan) «Fulano es hombre tan malo, que nunca se le oye decir mál de nadie.» Así ponderaba su refinada cautela; porque no siendo el tál ningun optimista que de tódo pensase lo mejor, hablaba de tódos tan relamida y melosa-mente.

Yo (gracias a Dios!) no soi pesimista, ni tengo a todos los hombres por diablos; pero no sé donde encuentran en este mundo tantos Angeles los que tan anjélica-mente hablan de todos; ni acabo de entender cómo pueden ajustarse con la verdad las palabras melosas de algúnos que de tódos dicen bien, no pudiendo ser buenos tódos: pues tódos buenos allá en el Cielo, si Dios quiere, los verémos: acá en el suelo dello con dello. De los hombres se puede acá decir lo que de las mujeres discanta el romance viejo en labios de una discreta Reina contra un cierto Condecillo, detractor perenne del Secso-hueco:

«Tódas malas no es posible,
Ni es posible tódas buenas:
Yerbas hai que dan la vida,
Y quitan la vida yerbas.» (*)

Un amigo me ha dado a mí el Cielo, que en lo que es Literatura, tiene la miel sin la hiel del de arriba, efecto puro de sus purísimas entrañas: parä él no hai libro malo: valía para Censor de periódicos en esta época lo que pesa en canäl de perlas y aljófar. Yo le llamo D. Bueno por un estribillo quë usa, cuando los amigos queremos divertirnos poniendo a prueba su injenio, (que le tiene agudísimo) consultándole sobre el mérito literario de algun papel: su respuesta de tabla a nuestro ¿qué-tal? es siempre: «Bueno: pero podía estar mejor.» Y a renglon seguido, no solo alega razones en abono de lo bueno, sino que con tal donaire alega tambien disculpas injeniosas para colorear los defectos del escrito; que lo que en realidad consigue es hacerlos resaltar mas. Y por sï álgo le quedaba que hacer

(*) *Romancero jeneral*, edic· príncipe de las 13 partes, XII, fol· 4o7.

en esta línea, si en el artículo de su
«bueno» acredita su buen corazon ; en
el de su «mejor» hace campear más y
más su buen seso, demostrando lo que el
escrito podría ser.

Hubo ayer este buen varon de entrár-
seme por las puertas crítica-mente cuando yo estaba enredado en la correccion
de pruebas de las primeras pájinas de este cuaderno: y como él es amigo de con-
fianza, con la que me permite la amistad
nuestra, le insinué que se entretuviese,
miéntras yo daba de mano a mi impertinente taréa. Hízolo así buena-mente tomando de sobre la mesa lo primero que
se le deparó; que apurada-mente fué lä
Oda de Reinoso *a* Zean, que andaba allí
de nones. «Agora lo verédes, dijo Agrá-
jes: aquí te quiero, escopeta !» (dije yo
para entre mí, al verle acometer a la cancion) «ya tenemos la fiesta armada.»

Par con par hubimos los dós de alzar
de öbra, yo de mi correccion, y él de su
leyenda: y yo curioso de saber el jiro singular que el pio y entendido lector daría
a su *bueno* y *mejor* dë ene ; «¿Qué tal»
(le pregunté) «ese Epicedio, amigo?—
¡Eh!» (dijo) «*bueno*: pero...» — La
comezon mia de saber por donde sacaba

mi hombre el caballo haciendo bueno lo que yo tengo por malo a todas luces, no me le dejó madurar el pero. Para cortarle el revesino salté yo y dije: «¿Cómo bueno?—Bueno, digo» (respondió él) «porque sobre un argumento como ese, bueno está lo bueno. ZEAN no era ningun hombre del otro juéves; y así por mas que su amigo y camarada le quiera poner de pinitos para engrandecerle, nunca le podrá hacer lo que él no se era de suyo. El Trobador ha hecho por sí y por él cuanto ha podido para salir, y sacarle airoso: sin hacer un milagro no podía hacer mas.

En el elogio el elogiante echa de la gloriosa usando de los ensanches de conciencia, que conceden los buletos pöéticos para mentir sin temor de Dios, segun aquello de *Pictóribus atque Poetis... Ut pictura Poesis,* que es decir (hablando moruno) pintar como querer. Eso ademas lo lleva de suyo la naturaleza del asunto: un sermon de honras no ha de ser ningun capítulo de culpas. Pero como entera-mente no se puede prescindir del sujeto, y el sujeto es pobre; pobre hombre, pobre asunto: luégo pobre pöema, y sobre tódo pobre Pöeta! Mas esto al cabo tiene indisputable-mente una cosa

de bueno : la justa proporcion que dicen
estas partes con el todo. Ergo bueno.

Es verdad que al fin de la Cancion,
cuando el Pöeta quiere ya tender velas,
parece que pierde la tramontana. Pero es
menester hacernos cargo tambien do todo : amigotes ellos el vivo y el muerto,
que se conocieron allá en Sevilla, cuando
ZEAN estuvo en aquella ciudad desempol-
vando mamotretos, honrado y favorecido
por el bondadoso Cárlos IV, su Rei entónces, y Rei nuestro, luego sirvieron
juntos a su otro Rei dë ellos, el Rei que
rabió (ya Ud· me entiende); y revolvien-
do estas amargas memorias, no será múcho que el pobre Pöeta con el sentimiento no haya sabido al fin lo que së haga.
Pero...

> « Las dóce dan ; yo me duermo :
> Quédese para mañana : »

«quiero decir» (daban a esta sazon las
todas) «que a esta hora precisa de reloj
en este santo y bendito dia (*dós de mayo !!!*) me espera un amigo, para en amor
y compaña ïr a honrar la memoria de las
víctimas ilustres que, hoi hace veinte y
tantos amargos años, sellaron con su sangre las aras de la Patria. »

Quedéme con ésto, sólo en mi solo

cabo, pensativo ademas, haciendo me-
mentos sobre lo pasado, lo pasante y lo
por-pasar,... (tanta sangre española ver-
tida desde el negro *dós de mayo*; y ¡por
quién, y por qué, y para qué!!!) sin acordarme más de tal cancion, ni del cantor,
ni del cantado. Aburrido al fin salí a pa-
sear mi tedio; y de vuelta volví a atar cabos sobre las razones de disculpa de mi
amigo D· Bueno; a las cuáles encontré
luego que oponer estas razones de descarte, que quiero aquí esponer a la con-
sideracion del lector discreto.

Vamos por puntos.—A dós se redu-
ce la disculpa: 1·º que el asunto es pobre y pequeño, y el pöéma ajustado a su
caudal y medida: 2·º que perturbado aca-
so el Pöeta con el sentimiento, perdió los
estribos, y cayó de su Pegaso.

A lo priméro contesto que para los
grandes injenios, para las ricas fantasías
no hai asunto pobre ni pequeño: en esto
se distinguen los Pöetas de los que no lo
son. ¿Qué asunto mas pobre y menguado
puede darse, que el del *Murciélago* de
Mirta que cantó DELIO? Pero ¿qué öro
tan cendrado y flamante no supö él sacar
de aquella al parecer ruda escoria? De
una nonada labró y levantó al cielo un al-

cázar de diamante. Tánto puede la fuerza creädora de la imajinacion en aquellos espíritus gallardos, a quienes tocó Apolo con sus divinos destellos!

Otros versos tengo aquí a la mano, cuyo argumento parece que no ofrecía mucho cielo, donde pudiese el injenio tender sus alas. A la aridez del asunto se agregó la circunstancia de ser mandado: circunstancia ya mui agravante: el númen, ya se sabe que es de suyo voluntarioso, y nada mandadero: a la beatificacion de una Monja se abrió en Córdoba un Certámen de Injenios por los años de 1615: el argumento no es el mas rico ni florido: véase, no obstante, la gala con que desempeñó un asunto de Academia tan estéril y austero una Musa Antequerana, honra de su patria y de su secso. Como sus versos no son ya mui conocidos, espero que mis lectores (y lectoras) han de perdonarme, si agradecerme no, el que se los dé aquí a conocer. Son los siguientes:

A SANTA TERESA DE JESUS
en su beatificacion

QUINTILLAS.
Engastada en rizos de oro
La bella nevada frente,
Descubriendo mas tesoro,
Que cuando sale de Oriente
Febo con mayor decoro:

En su rostro celestial
Mezclando el carmin de Tiro
Con alabastro y cristal;
En sus ojos el zafiro,
Y en sus labios el coral:
    El cuerpo de nieve pura
Que ecscede toda blancura,
Vestido del sol los rayos,
Vertiendo abriles y mayos
De la blanca vestidura:
    En la diéstra refuljente
Que mil aromas derrama,
Un dardo resplandeciente,
Que lo remata la llama
De un globo de fuego ardiente:
    Batiendo en lijero vuelo
La pluma que al oro afrenta,
Bajó un Serafin del Cielo,
Y a los ojos se presenta
Del Serafin del Carmelo.
    Y puesto ante la doncella,
Mirando el ecstremo della,
Dudára cualquier sentido
Si él la ecscede en lo encendido,
O ella le ecscede en ser bella.
    Mas viendo tanta ecscelencia
Como en ella puso Dios,
Pudiera dar por sentencia
Que en el amor de los dós
Es póca la diferencia.
    Y por dar mas perfeccion
A tan anjélico intento,
El que bajó de Sïon,
Con el ardiente instrumento
Le atravesó el corazon.
    Dejóla el dolor profundo
De aquel fuego sin segundo,
Con que el corazon le inflama,
Y la fuerza de su llama,
Viva a Dios, y muerta al mundo.
    Que para mostrar mejor
Cuánto esta prenda le agrada,

El Universal Señor
La quiere tener sellada
Con el sello de su amor.

Y que es a FRANCISCO iguál
De tan gran favor se arguya;
Pues el Pastor Celestial,
Para que entiendan que es suya,
La marca con su señal.

Y así desde allí adelante,
Al Serafin semejante
Quedó de TERESA el pecho,
Y unido con lazo estrecho
Al de Dios, si amada ánte. (*)

Con letras de oro quisiera estampar aquí el nombre de la Musa celestial, Autora de esta regalada pöesía: D·ª CRISTOVALINA FERNANDEZ DE ALARCON. ¿Qué Serafines habría D·ª CRISTOVALINA visto en este mundo terrenal, para pintar tan al vivo los del Etéreo? Esta sí es que es Pöesía!

Punto 2·º: que el Trobador endechero, no es múcho que al fin de su canticio cantase ya sin ton ni son; porque con el sentimiento no sabía lo que se hacía.—

(*) «*Relacion de las fiestas de Córdoba a la beatificacion de Santa* TERESA, *con la* Justa literaria &. *por el* LIC· PEREZ DE VALENZUELA. *Córdoba 1615 por la viuda de A· Barrera.* » ══ Uno de los Jueces del Certámen fué D· L· DE GÓNGORA, y en la fiesta hubo una máscara que figuraba «*los desposorios de D· Quijote de la Mancha y D·ª Dulcinéa.* » Tan popular era ya entónces el QUIJOTE!

Linda disculpa! Esto me recuerda un caso (que con perdon de los lectores cejijuntos) tengo de contar aquí.

Ejemplar y verbi-gracia de buenos casados eran marido y mujer, viviendo en paz y en gracia, sin haber habido entre ellos un haz-te-allá en dias de Dios. Habíales dado el Cielo un buen-pasar; pero no les había dado hijos: y nó en verdad porque no pusiesen los medios; pues, como ella decía a sus comadres en las conversaciones ordinarias de mujeres sobre partos y avampartos, «lo que es el mio (eso es otra cosa) el póbre pone cuanto está de su parte: pero no estará de Dios, porque al cabo éstas son cosas que Dios las hace.» El en efecto era mui puntual en lo que Sanchez *De matrimonio* llama pagar el débito, u digamos, dar la peonada: y élla siempre como una mansa córdera, y segun dice allá la Comedia:

«A su marido, y nó mas.»

Sucedió, pues, que cuando mas en gracia de Dios vivían, la esposa murió. Para el alma que siente, dejo el considerar cuál y cuánto sería el sentimiento del póbre marido: cosa de enloquecer!

Llegó por fin lä hora menguada de haber

de sacar de casa el cuerpo muerto: ya vo-
zarreaba a su vera la clerigüesca alquilo-
na; salta-tumbas y porta-mangas pisaban
ya sus umbrales. El lloriquéo del duelo
empezaba de recio: los dolientes del luto
se rëunen, pero faltaba el principal dolorido: el viudo no parece. Llámanle, no
responde: búscanle, y no le encuentran
ni vivo ni muerto. Pero al fin un amigo,
el mas estrecho y familiar de la casa, que
sabía bien todos sus recovecos, encontró
al triste en un lugar escusado, donde a
todo su sabor (ayúdeme Ud· a sentir!) estaba consolándose con la crïada..., aquello que se llama, largo y tendido! El amigo, indignado le increpó, como lo pe-
día lo feo del caso; y el viudo a sus in-
crepaciones, apañando sus apatuscos, se
incorporó como pudo, y en amago de
entre plañir y estornudar: «Déjeme Ud·
por Dios, amigo» (respondió a su buen
amigo;) «déjeme Ud· por Dios; porque
con este sentimiento, aseguro a Ud· que
no sé lo que me hago.»

FIN.

El Criticon,

Núm. 3.°

~~~~~~~~~~~~~~~~~~~~~~~~~~~~~~~~

DEL *papel de* LOS CATA-RIBERAS, *y su verdadero Autor.*

———◦———

Donde las dan, las toman: yo que sin temor de vívos y muertos me he anunciado al múndo CRITICON dë únos y de ötros, a las priméras de cambio me veo criticado. Guájete por guájete!

Al cábo del mal el ménos: mi Crítico parece que es todo un Doctor borlado: él por de contado tál se firma, y tál quiero yo creerle en buena cortesía. Siendo así, a honor y dícha puedo tener el que no sea ningun zambombo; pues para quien es tan sentido de sus carnes, como ha sido Dios servido hacermé a mí de las mias, fuera tártago acerbo el verse jabonado de mano ruda.

D

Como quiera, ello es que apénas salió a luz el primer número de mi CRITICON, cuando uno que se me dice amigo inmemorial de mis pobres borrones, me ha favorecido con una Crítica del tenor siguiente : carta canta, y la carta dice así :

"SEÑOR CRITICON D. B. GALLARDO :

Muy señor mio : Siempre fuy y soy amigo de sus producciones, despues que lei su encantadora Apología de los palos ó de la paliza, y su Diccionario crítico contra la hipocresía y las supersticiones, que detesto y detesté siempre. Estas dos pequeñas obrecitas le han hecho á su autor un nombre justamente famoso en el mundo literario : ellas hacían esperar grandes cosas de su pluma, que no vimos aun : pero yo hallo esplicada esta decepcion de nuestras esperanzas en los tiempos eminosos que acaban de pasar : bajo un Calomarde y un Zea, ¿qué se pudo escribir jamas, que valga la pena de leerse, y mas en el género de la sátira, que es su género fuerte?

Ahora promete Vm. darnos un CRITICON, del que nos dió ya el cuaderno 1.o Su introduccion, ó prospecto, es un verdadero prólogo galeato : ya en él descubrió su genio mas que crítico á propósito del ESTATUTO del señor Martinez de la Rosa, y de la libertad de la prensa. Yo no sé si todos le habrán entendido á Vm.; pero sepa que yo le entiendo bien : (ya Vm. me entiende).

En el cuerpo del discurso hace la apoteosis de CERVANTES. Mas seamos justos: ese prurito de idolatría por el autor del Quijote le va ya el romanticismo haciendo pasar de moda. Por otra parte, el señor bibliotecario Clemencin ha hecho conocer en sus comentarios que Cervantes no es mas que un hombre, y un hombre lleno de faltas y errores, como tantos otros.

La memoria de Vm. sobre La tia fingida de Cervantes, es menester confesar que está llena de erudicion española nada comun, ni proletaria: mas la imparcialidad pide tambien confesar aquí (permita Vm. decírselo) que quandoque dormitat Homerus. A Vm. le sucedió lo que sucede á aquellos que leyeron mucho, que despues se les confunden las ideas. En la página 4 haciendo parada de su erudicion nos cita cuatro obras maestras de sátira; que son los Catariberas, el Prete Jacopin, la Perinola y el Bodoque; y dejando á un lado las tres últimas que, como la primera, pocos leyeron, y de las que pocos pueden ya sufrir la lectura, porque los románticos han perfeccionado mucho el gusto (que nuestros decantados clásicos antiguos apenas divisaron), en el primer artículo padeció Vm. una equivocacion palpable y notoria: «los Catariberas de SALAZAR» dice Vm.; y no hay tal SALAZAR. Quien haya leido algo de nuestros viejos escritores, ¿ignora que el papel de los Catariberas le compuso D. DIEGO DE MENDOZA? Vm. trascordado confundió sin duda el nom-

D :

bre del autor que cita, con el del otro, *contra quien empleó Mendoza su virulenta crítica en la* Carta del bachiller de Arcadia.

Esto un literato español y bibliotecario, ¿cómo lo pudo ignorar jamas? Los Catari**beras** *son indisputablemente de* MENDOZA, *como va á verlo probado con documentos, á escoger, impresos y manuscritos.*

Impresos: en el Semanario erudito de **Don** *Antonio Valladares, tomo XVIII, se imprimieron los* Catariberas, *espresándose nada menos que tres veces que su autor fue* DON DIE- GO DE MENDOZA. *En la cabeza (pág. 238) se dice: «Papel de los Catariberas, escrito* **por** DON DIEGO DE MENDOZA.» *Y al fin (pág. 249) se espresa lo mismo: la Carta de los* Catariberas *acaba asi: «Vuestro mayor amigo que os besa las manos =* DON DIEGO DE MENDOZA.» *En la tabla del libro se repite lo mismo.*

Manuscritos: existen en la biblioteca real de esta corte, á cuyo propósito y de los Cata- riberas *el erudito bibliotecario D. Juan Pelli- cer dice en sus notas al Quijote: «cuya vida pinta con incomparable gracia* D. DIEGO DE MENDOZA *en una* Carta *MS. que con otras se guarda en la real biblioteca.» Y con efecto, es- tá entre los MSS. (M. 199), como puede ver- se del índice, art.* D. DIEGO HURTADO DE MEN- DOZA, *registrada asi: «Carta pintando la vi- da de los* Catariberas.»

En vista de estos hechos ineluctables (que es como se hacen las críticas, y no con choca-

rrerías) espero que Vm. será bastante com-
placiente para rectificar su error en el núme-
ro inmediato ; y que dispensará esta confian-
za á S. S. S. Q. S. M. B.—Doctor J. Paton.»—

Así me gusta a mí que hable la jente, cla-
rito. Con la misma claridad voi a contestar al
cargo directo que entre flor y flor se me hace
en esta carta.

Empiezo por dar las debidas gracias a su
Autor (sea él quien fuere, Doctor Paton, An-
jel patudo, Patillas o Diablo Patejo) por los
elojios que me dispensa; y dejándole a su sabor que corra el riesgo de las opiniones que
enuncia respecto a Cervántes y á otros particulares que no tocan al punto crítico de la
cuestion , voi a mi objeto.

El capítulo de acusacion contra mí se cifra en estas breves palabras del Doctor Paton
contra la afirmativa mia de que Salazar es
Autor de *Los Cata-riberas*: «No hai tal Salazar.»—

Contestacion mia.

« Preguntas qué amigos tengo,
Y esto envuelve dos sentidos:
Si preguntas cuantos, pocos;
Si cuales, voi a decirlo. »

«*No hai tal Salazar*» puede significar dos
cosas: o que no hai tal hombre, o que no hai
tal especie, como la que yo afirmo, de que Salazar sea Autor de tal papel. Véome, pues,
constituido en el doble empeño de probar es-

tos dos ecstremos: 1.º que hai tal SALAZAR ; y 2.º que este tal SALAZAR es Autor del papel de *Los Cata-riberas.*

El señor Paton con la especie que apunta, de la *Carta del Bachiller de Arcadia*, quiere dar a entender que yo, trasoidos los nombres de MENDOZA y SALAZAR, he barajado carta con carta, las del Árcade y los Cata-riberas ; y que confundiendo la persona que hace con la que padece, he hecho Autor Crítico críticamente al SALAZAR que fué criticado por D Diego de MENDOZA en aquella graciosísima carta. Pero al reves me la vestí: por mi parte no ha habido tal baraja, ni tal trocatinte. Conozco mui bien a entrambos sujetos, y tengo mas leidas una y otra carta, de lo que es menester para algo mas que no confundirlas. Señas mortales.

Ese SALAZAR (número uno) fue un buen Capitan que

« Tomando hora la espada , hora la pluma »

escribió en el estilo andantesco que en sus tiempos corría mui valido entre los Románticos de entónces, una cierta *Corónica del Emperador Cárlos V, en la cuál se trata de la justísima guerra que S· M· movió contra los Luteranos y rebeldes de Alemania, y los sucesos que tuvo:»* la cual, si no estoi trascordado, se imprimió la vez primera en Nápoles el año de 1548 ; y la segúnda en Sevilla el de 52: sé bien sí que de la edicion príncipe había éjemplar en la selecta biblioteca que el Infante D. Luis tenía en su palacio de Arénas.

Cuando esá obra se publicó en Italia, estaba allí de Embajador por nuestra corté D. DIEGO HURTADO DE MENDOZA, Caballero no ménos ilustre por su cuna que por sus talentos, grande hombre de Estado y pluma, y sobre tódo hombre de hacer y decir, a quien han hecho afamado en el mundo los arranques de su jenio y de su injenio. Fué granadino y Poëta (el Diablo sea sordo!); sibien el erudito Tamayo de Bárgas asegura «es opinion sentada que este Caballero nació en Toledo, nó en Granada.» (*)

El Señor D. Diego que a vueltas de la gravedad de su estado, gastaba jentil humor, tomó pasatiempo con el Cronicon del buen Capitan SALAZAR, escribiendo de chunga la susodicha *Carta del Bachiller de Arcadia*: título con que se disfrazó, por no hacer descortesía al decoro de su empléo.

Pues, ahora conviene saber que á este Capitan Pedro de SALAZAR, que parece no se daba el mejor perjeno para hacer libros al gusto de los Críticos Clásicos como D. Diego de MENDOZA, húbosele de lucir mejor la gracia de hacer hijos; y en haz y en paz tuvo en su esposa D.ª María de Alarcon uno como mil perlas, y tan agudo y festivo, que no parece

---

(*) V. su «*Junta de libros, la mayor que España ha visto en su lengua hasta el año de 1624.*» MS. de la Biblioteca Real.

sino que le hurtó, u le heredó la agudeza y el donaire al gracioso cuanto feo Dⁿ Diego.

Nació este pimpollo, segun cómputos del insigne Coronista de los Hijos de Madrid Alvarez-Buena, en esta coronada villa por los años de 1530, y renació al mundo con la gracia bautismal de Eujenio, nombre de pila que unido a los de su abolengo, le completan la gracia de *Eujenio* SALAZAR *de Alarcon.*

Ya tenemos otro SALAZAR :—cero, y van dos: (verémos si parece el que buscamos, para ajustar nuestras cuentas).

Despuntó éste de agudo (como arriba dejamos apuntado), y siguiendo la carrera de los estudios en Alcalá y Salamanca, llegó a ser gran supuesto por las Letras en la facultad de Leyes: y por fin tomó el grado de Licenciado, nó en ninguna de esas dos famosas universidades, sino en aquélla donde se licenció aquel otro donosísimo Licenciado Pero Perez, cuyos sabrosos coloquios con los insignes Escudero y Caballero de la Mancha nos hacen a los lectores del Quijote chupar los dedos. Por demas es decir que en Sigûenza; pero pues ya lo dije, perdónemelo quien no lo entendiera, a no decirselo tan claro.

Licenciado, siguió nuestro SALAZAR la perdida y perdurable carrera de Pretendiente de varas, en la cuál pasó la pena negra: color, cuya desdicha, a pesar del refran viejo «Duelos me hicieron negra, que yo blanca me êra» no hemos los Españoles acabado de entender hasta la venida de los últimos Franceses, que con su maldito trapo blanco nos hicieron negros a ciertos y ciertos; aunque a tódos nos dejaron de un color, anocheciéndonos con ayuda de vecinos, entre prestado y robado, hasta el último maravedí sin dejarnos blanca. Verémos ahora, esta otra Gabachina, que hubo de embocarnos Zea, y nos mete como por tramoya en casa su dignísimo sucesor ese gran Pöeta de bambalinas, Injenio regadío de la Vega de Granada, — de qué color querrá ponernos: sibien sobre négro no hai tintura.

Mas si la Fortuna tardó en premiar a nuestro Lic· E· de SALAZAR, el Amor le coronó el año 1557 pagando su fineza con la suspirada mano de D·ª Catalina Carrillo, cuyos castos y purísimos amores ha eternizado SALAZAR en verso.

Fruto de bendicion fueron de ëllos dos hijos, Fernando y Pedro de SALAZAR (SALAZARES a escojer); y recompensa de sus largos y buenos servicios el gobierno de Canarias, que obtuvo el año de 1567, de donde el de 73 pasó de Oidor a la ïsla de Santo-domingo: y de allí a Fiscal de la Audiencia de Goatemala, que servía el año de 1580. El de 98, a la muerte de Felipe II, era ya Oidor de Méjico, en cuya universidad se graduó de Doctor: y donde permaneció hasta que la Majestad de Felipe III le trajo a su corte de Consejero de Indias, cuya plaza servía por los años de 1601.

El *Doctor Eujenio de* SALAZAR, es de saber que aprovechando sus ocios, y aun robando ratos al preciso descanso de sus penosas ta-

réas, compuso un corpulento volúmen de versos y prosas, que intituló "*Silva de Pöesía*,
compuesta por *Eujenio de* SALAZAR, vecino y
natural de Madrid," libro precioso que por
los años de 1788 poseia el curioso Bibliófilo
D. Francisco de Paris; y que por último ha
venido a parar a la Academia de la Historia,
donde feliz-mente ecsiste a estas calendas.

Está escrito con esquisito esmero, en gran
parte de puño del Autor, y lo que nó de su letra, revisto y retocado por él. Púsole en limpio, cual está, preparado para el molde, en
Méjico; y en dos hojas de su mano, que dejó
al frente del códice, pegadas por las orillas,
consignó a sus hijos una especie de testamento
literario respecto á esta obra: «Hijos» (dice),
«esta *Silva de Pöesía* no me determiné a pu-
blicarla en mis dias, porque aunque (si no me
engaño) tiene obras que pueden salir a luz,
temí por causa de mi profesion y oficio, no tu-
vieran algúnos a desautoridad mia publicar e
imprimir obras en metro castellano.»

Y despues de mil advertencias y observa-
ciones finísimas sobre la impresion, prosodia,
ortografía &c· concluye: «No se me ponga
título de *Licenciado*, nï ótro que yo haya tenido; sino sola-mente EUJENIO DE SALAZAR. »

La obra está dividida en 4 partes: las trés
son de Pöesías pastoriles, amatorias, satíricas
y morales: la última lleva este encabezamien-
to: «Cuarta Parte de las Obras de E· de SALA-
ZAR, que contiene alguna de las *Cartas en prosa*
a mui particulares amigos suyos. »

Erä uno de estos su compatricio *D. Juan Hurtado de* MENDOZA, Caballero mui conocido y honrado de los Pöetas y Sabios de aquella edad, porque lö erä él todo; y tanto, que a virtud de su aplicacion a todo linaje de saber, y porque vivía como embebecido en sus estudios, por festivo apodo le llamaban sus amigos el *Filósofo*. He alcanzado a ver suyas dos obras de Poësía, que son mui raras: lä una titulada «*Buen placer*, trobado en 13 *discantes*,» impresa en 8.º, Alcalá, 1550. Lä ótra «*El Caballero Cristiano*,» impresa en 8.º, Antequera, por Andres Lobato, 1570.

Y aquí tenemos ya mas que es menester para contestar al rotundo y absoluto *No hai tal* SALAZAR del Doctor Paton.-Sí hai *tal* SALAZAR, Señor Doctor Pateta: el *Doctor Eujenio de* SALAZAR, hombre real, nó ente fantástico:—luego hai tal hombre. Y SALAZAR, Autor de varias Pöesías cultísimas, de que por muestra (en abono de mi dicho, porque en cosas dë hecho yo no quiero ser creido sino sobre prenda) presento las tres composiciones adjuntas: y Autor de varias Cartas joviales en prosa, de las cuales (para servir al Señor Paton) es lä 4.ª la de los *Cata-riberas*. Escribióla en Toledo el año de 1560, hallándose allí la corte, y él de Pretendiente de varas; carrera aperreada que por aquel tiempo en que se estilaba äun la caza de halconería, se comparaba a la de los *Cata-riberas*, u Ojeadores que batían las orillas de los rios, para reconocer las querencias y paranzas de las garzas y demas volatería, a fin de que después sobre seguro pudiesen las Damas y Caballe-ros volarlas. —

Luégo *hai tal* SALAZAR, Autor de *Los Cata-riberas.*

Íten (y es otro íten mas): la Carta de *Los Cata-riberas*, Autor SALAZAR, está dirijida á ese tal D. JUAN DE MENDOZA.

Érgo no hai tal quid-pro-quó por mi parte, ni yo he confundido en las personas de SALAZAR y de MENDOZA la persona que hace con la que padece. Mi SALAZAR, Autor de *Los Cata-riberas*, es hijo del SALAZAR, contra quien escribió D. DIEGO DE MENDOZA la Carta del Bachiller de Arcadia: y el MENDOZA de *Los Cata-riberas* no es D. DIEGO, sino D. JUAN; ni es el que los escribió, sino (por pasiva) á quien fueron escritos. — Echese, pues, el Señor Doctor Pateta esa chinica en la manga.

Así y así, quiero que él sepa que es como yo hago y deshago mis críticas, por activa y por pasiva; desvaneciendo con documentos auténticos y noticias orijinales, bebidas en fuentes puras, los papeles mojados y noticias de pilon, que traga por cristales de Hipocrene la ciega y perezosa ignorancia, tal vez vertidas por la superchería de charlatanes Papelistas sin discernimiento ni criterio.

Ciertö es que Valladáres imprimió como de D. Diego de MENDOZA *Los Cata-riberas*: pero ¿con qué autoridad? Ni aun se sirve decir cómo, ni de dónde hubo la ruin copia que imprimió.

No es mas jenuina ni autorizada la MS.

que el Señor Paton cita de la Biblioteca Real: el porqué, lo sabe quien sabe; que el que no sabe, no entiende: (no sé si me entiende el Señor Paton).

Sobre todo, para que se reconozca la diferencia enorme que hai del tecsto vivo al truncado y corrupto de esas dos copias (que son ya cuento de cuentos) presento a beneficio de los lectores entendidos estótra, de molde, sacada fiel-mente por mí del orijinal, a que me remito.

CARTA

escripta al Mui-ilustre Señor Don Juan Hurtado de Mendoza, *Señor de la villa de Fresno de Torote, en que se trata de los* Cata-riberas.

———◆———

Por úna suya me envía Vm· a mandar le escriba el estado de mis negocios, y mui por ecstenso en qué entiendo, y cómo me va en esta corte : y porque (como Vm· sabe) soi siempre obediente a sus mandatos, haré en ésta lo que me manda, y aun más de lo que me envía a mandar. Porque no sola-mente daré cuenta de mi vida, empero tambien de la de mis amigos, que acá son muchos; porque en los lugares de los trabajos y infortunios se suelen de ordinario ligar amistades entre aquellos que los padescen.

Yo salí de mi casa cinco meses ha, para venir a esta corte, que acorta a los largos de moneda, y aun alarga mal de su grado a los cortos dë ánimo para gastarla : y llegué ä ella con tanto deséo de ser proveido, cuanto arrepentimiento tengo agora de haber venido por provision;

pues (aunque tarde) ya conozco y veo que vine por lana, y volveré tresquilado: pues son tántos los que pretenden ser proveidos, que si Dios no hiciese en los oficios un milagro semejante al de los cinco panes y dos pesces, sería imposible caber bocado a la centésima parte de las bocas que acá están abiertas.

Mas pues yo me vine a meter de mi voluntad debajo desta bandera, no me quejaré de algunos amigos que allá me representaron los trabajos y miserias que en su seguimiento se me aparejaban: que son tantos, que en tanto mal y tristeza no puede haber otro gozo, sino que ës de muchos.

Y para que Vm· bien entienda esta nuestra triste, costosa y larga navegacion por esta carta de marear, ha de presuponer que en esta galera de pretension de oficios temporales (digo de correjimientos) bogamos tres jéneros de jentes: Letrados, que en esto no lo somos : Soldados, que como quien por huir de los trabajos y desasosiegos del mundo, se casa,-huyendo de la menor guerra, que es la de las armas, se vienen a meter en esta, que es mui mas incomportable : y otros, Caballeros de espada y capa que, con gana de comer y ambicion de mandar , vienen a buscar oficios que les den mando sobre una ciudad y su tierra, porque sus patrimonios y rentas no bastan para se le dar sobre un lacayo y un paje.

Todos estos tres jéneros de jentes se comprehenden debajo de este famoso nombre *Cata-ribera ;* porque si el Letrado cata la ribera , el Soldado la corre, y el Caballero la vuela : y lo que tódos padescemos, el nombre de *Cata-ribera* lo dice , consideradas las partes de que se compone , que son *cata rixa vera* , que quiere decir « busca riña verdadera. »

Y aunque estos tres jéneros de jentes somos diversos en profesion , como somos únos en pretension, parescemos amigos. Bien es verdad que a tiempos, cuando encuban algun delincuente , podrían meter en la cuba tres o cuátro de nosotros por animales contrarios ; porque lo que lleva el perro, piensa el jimio que ä él se le quita : y lo que äse el gallo, paresce a la culebra que ella lo pierde. Y así , si la discrecion no tuviese enfrenadas las lenguas, y cubiertos los corazones , de fuerza nos habríamos de morder con los dientes , y aun despedazar con las uñas.

El tiempo, sola-mente, acá le espendemos en madrugar a llevar nuestro Presidente al Consejo, y volverle a su posada : tener cuidado, si quiere salir ä alguna parte, para aguardarle : porque si alguna vez saliese sin que alguno de nosotros le aguardase, por el mesmo caso terná por cierto que ha perdido el correjimiento que espera.

Holgaría Vm· de ver a las mañanas el escuadrón tan lucido que hacemos, tanta camisa sucia, tanta ropa raida, tanto sayo grasiento, y tanta gorra coronada, tanta almilla de grana, tanto pantuflo viejo, tanto guante añejo : ojos, que no los limpiarán todos los tafetanes que se tejen en Toledo y Granada : cabellos, con mas pelusa que se háce en los telares de lienzo de Portogal : barbas, que no las deshetrarán todos los peines de los Cardadores de Segovia y los Cameros.

Desta manera vamos, tan metidos en ordenanza, que no tenemos necesidad de Sarjentos que nos ordenen : más habríamos menester oficios que nos sustenten.

Entrado el Presidente en Consejo, nos derramamos como lavazas, o agua de fregar, por aquel patio ; y hacemos co-

E

rrillos, como la jente del vulgo en dia de eclipsi, a tratar de las provisiones: — cuántos correjimientos hai que proveer, cuándo saldrán, qué hai de nuevo acerca de ësto.—Uno dice: «Ayer me afirmaron en casa el Presidente que tiene en su cámara veinte provisiones de oficios para henchir.» Ótro dice: «Pues yo tengo un amigo en casa del Secretario Eraso, que me mostró la minuta de las provisiones de oficios que están mandadas hacer; y no son sino siete, y ésas mui ruines, porque entran en ellas los correjimientos, (o, por mejor decir los corrimientos) de Madrigal, Ziudad-real, y Tordesilias.» Ótro dice: «Pues, pócas o muchas, no pueden dejar de salir presto; que yo sé de buena parte que el Presidente consultó ayer con S· M· las provisiones de correjimientos.» Ótro dice: «No se trató ayer deso en la consulta, sino de otras cosas que importan mas al Rei y al Reino.» Y ótro dice: «Ayer me dijeron que dijo un Letrado que le había dicho un Caballero que oyó decir al Prior de San Juan que le dijo por cosa cierta uno del Consejo que el Presidente ha dicho que en toda la semana que entra, se descargará de las provisiones de correjimientos. » Mire Vm· qué Juez Pesquisidor, ni de Residencia podría ecsaminar todos los eslabones desta cadena de testigos, para venir a apurar si el Presidente dijo tal; y despues de averiguado que él lo dijo, si no lo cumpliere,

« ¿ Quien será aquel Caballero,
En armas tan esforzado,
Que demande la palabra
A varon tan señalado ? »

Hai jente entre nosotros tan curiosa, que prenosticando, como los Médicos en las enfermedades agudas, del cuárto para el seteno, del oncéno para el catorceno, y del diezisiete para el veinteiuno, de un viérnes de consulta para el domingo, y del domingo para otra consulta, y de una salida del Rei para la vuelta, lo que será de las provisiones, cuándo se consultarán, y cuándo saldrán, pasan la vida colgados desta esperanza, peor que los que cuelgan de lä horca. Y si no fueran mas ciertas las profecías de los Profetas, trabajo tuviera el mundo. Hacémonos Astrólogos de astrosos, y echamos juicios a monton fundados en fundamentos que Toloméo, ni Ali-aben-rejel con toda su judiciaria no darán en un blánco destos, en que nosotros cada dia damos.

- En esto pasamos hasta que quiere lle-

E :

gar el término de salir nuestro Presidente
de Consejo; que, media hora ántes, porque no se nos vaya, nos salimos de la plaza que está delante del Palacio, donde
se hace el Consejo; y únos se ponen en
ruines caballos, ótros en viejos cuarta-
gos, y ótros en mulas mohinas, algúnas
de color, y las más de hambre.

Si es hibierno, allí nos azota el zierzo; como si fuésemos robles de la montaña: si es en estío, allí nos derrite el
sol, como a cuártos de ajusticiados. Y
para sufrir esto, cualquiera se precia de
armarse de la paciencia de un Jo.

Juntámonos en aquella plaza, aquí
tres, acullá seis, acá cuatro, allí diez, como moruecos en siesta; aguardando que
nos salga el sol, cada uno los ojos fijos en
la puerta, como los tiene el podenco en
la boca de la madriguera, donde se en-
cerró el conejo. Y en asomando el Presidente, partimos de nuestros puestos, como cuadrillas mal concertadas de juego
de cañas; y llegando cerca, arrojamos
nuestros cañazos dándole fierísimas bone-
tadas: y luego volvemos las riendas, únos
a zurdas, y ótros nó a derechas; y llevá-
mosle a su posada. Esto es mucho de ver;
que como nos hemos de apear para subir-

le a su aposento, cient pasos, poco más
o ménos ántes de llegar a la posada, nos
vamos apercibiendo, echando la mano
zurda al arzon, arremangando la ropa con
la derecha, sacando el pie del estribo, y
comenzando a echar la pierna sobre el
anca de la mula. Y al arrancar de la silla,
uno descubre la martingala, y ótro la bra-
gueta caida, cuál las brágas rotas, cuál
el pañal colgando; y aun tal hai entre nosotros, que muestra la lana sucia de los
cojines.

Juntámonos allí tantos, y remanesce
cada dia tanta jente nueva, así de espada y capa, como de pantuflo y saboyana,
que paresce nos criamos de las inmundi-
cias y bascosidades de la casa del Presidente, como chinches, cucarachas, ra-
tones y otras sabandijas semejantes.

Al tiempo que entramos en la sala desde la puerta della hasta la de la antecámara,
nos hacemos dos órdenes, pegados de lado
únos con otros, que parescemos estacadas
de presa de molino, para que pase el
Presidente, y nos vea. Y cuando somos
muchos, es cosa de ver cómo nos encaja-
mos y apretamos, y la pesadumbre que
da un codo del vecino que salga delante
del cuerpo del otro; paresciendo que

aquél ha de ser nube , para que los ojos
del Presidente no le vean á él.

Entrado el Presidente , arrimámonos
por aquellas paredes, hasta que todos los
relojes del pueblo nos echan de allí con
las mas voces que pueden dar.

Lo que en estos acompañamientos se
pretende , es servir a su Señoría las provisiones y mercedes que nos ha de hacer
(si se sufre proveer a tanto necio); y que
sus ojos de piedad nos vean , y vistos,
nos encomiende a su memoria para acor-
darse de nos poner en lo mas profundo
de su olvido. Y este ser vistos del Presidente deseámoslo tanto, que algunos (si
nos fuese lícito) iríamos a le acompañar
con corozas en las cabezas , porque pusie-
se en nós sus ojos, como en personas mas
señaladas.

Hai pretendientes entre nosotros, que
desde la puerta del Consejo hasta la Cámara del Presidente tenemos ojeados y
considerados los puestos y lugares , donde por fuerza han de topar sus ojos; para cojer cada dia un puesto de aquellos,
dónde podamos ser vistos ; como los buenos Capitanes , que reconoscen y elijen
los puestos y sitios convenientes para alo-
jar sus campos , y hacer los efectos que

para la victoria convengan. Únos se quedan en la calle a la puerta de la casa, porque el Presidente les acuda con el primer favor y bendicion de sus ojos; y éstos no se apéan, sino estánse en sus caballos y mulas, como muchachos en talanqueras para ver encerrar el toro; porque su Señoría vea que están ya aprestados y a caballo para ir a los oficios donde los quisiere envíar.

Ótros le resciben al pie de la escalera, para le dar a entender cuán cerca están ya de ser ahorcados. Y aun alguno hai en este lugar que finje que estropieza en un escalon, y que va a dar dë ojos, porque el Presidente le eche mejor de ver.

Ótros paran en la mesa de la escalera, para le significar que no se pone mesa en sus casas.

Ótros le aguardan en los corredores, para demonstracion de su corrimiento y desventura.

Y ótros se ponen a la entrada de la sala, considerando que allí, como el Presidente llega al estrecho, no puede dejar de mirar a una parte y ä otra, para ver si son servidores o enemigos. Y nunca falta un par dellos que se finjen como bestiones cad⸱ ⸱o ä una parte de la puerta

de la antecámara; para que, al entrar,
los ojos del Presidente los topen.

Vería Vm., cuando alguno de los que
están en las estacadas que he dicho, te-
me que el Presidente ha de pasar sin verle, que (como el que en la esgrima mete
el pie derecho, y alarga el brazo de la
espada, y avalanza el cuerpo para alcanzar un toque franco al contrario, así)
hurta una pierna, y un brazo y medio
cuerpo con toda la cabeza, y pásalo del
límite de la estacada, cuando el Presidente llega, y mételo en la calle por donde él
viene, y hácele una mui notable y humil-
dísima reverencia, y dále una vistosa y
reverendísima bonetada, porque le vea.

Y aun alguno hai tan cuidoso y considerado en esto; que el dia que ve mucho acompañamiento, y le paresce que no
ha de poder cojer alguno de los puestos
dichos, se queda un póco atras del Presidente; y ya que él y toda la jente van
delante, aprieta la mula perneando como
pulpo, y alcánzale y pasa por junto a su
lado, la gorra en la mano, y los ojos en-
clavados en la Ilustrísima persona, que
paresce torcecuello, o que lleva alguna
landre en el pescuezo que no le deja volver la cabeza para mirar adelante, hasta

ver que el Presidente le ha mirado; que luego se le desenvara el cuello, y se le destuerze, y va consolado su corazon.

Alguno, mui contento de que el Presidente le haya visto, no lo pudiendo disimular, vuelve al compañero y dícele : «¿No vió Vm· como me miró el Presidente? En verdad que volvió a mí la cabeza dos veces; que me paresció que me quiso hablar.» Y vería Vm· al que piensa que el Presidente no le ha visto, tan triste, tan desconsolado aquel dia; que ni toma gusto en lo que come, ni le sabe bien lo que bebe; porque tiene por cierto que las provisiones se han de henchir aquella noche, y que, como el Presidente no le vió aquel dia, no se ha de acordar dél.

A las tardes vamos a la casa del Presidente, contemplamos la puerta de la calle, miramos el zaguan, vemos el patio, subimos por la escalera, pasamos por los corredores, entramos en la sala, preguntamos qué hace el Señor Presidente : porque todo esto nos alivia la pena dere purgatorio, como la aliviara en el Infierno al Rico Avariento el menique mojado de Lázaro. Andamos por allí un poco, llegamos a la puerta de la Cámara del Secretario al olor de las provisiones sin hablar palabra, y volvémonos a salír, como cuando el perro hambriento entra en el aposento, donde hai carne metida en alguna arca, que heridas sus narizes del olor della, huele las sillas, los bancos, y los cofres que hai en el aposento, con deséo de topar con la carne; y al cabo, como no la descubre, se sale fuera.

Los que son mas continentes, entran de mes a mes a suplicar al Presidente se acuerde dellos; y a ver si descubren alguna tierra sobre sus pretensiones y esperanzas; como los que entraban a consultar el Oráculo para saber los futuros sucesos.

Ótros, que tienen la sangre mas encendida, y la moneda mas atenuada, entran de quince en quince dias, y de veinte en veinte. Y algúnos hai tan rendidos a su pasion, y tan apretados de su necesidad (digo, de su necedad); que si el portero les permite entrar tres veces en la semana, no entran dós solas, a representar a su Señoría sus duelos y Letras, y darle con sus buenas razones a entender la poca culpa que tiene en no proveerlos.

Veo a los recien-venidos de oficios, que se señalan y conoscen entre los que ha dias que bogamos en esta galera, co-

mo cotrales de Guadiana entre baquillas
de Asturias : ellos tan gordos y panzudos,
que parescen cebones de presente; y dentro de pocos dias, que vuelven a moler
en esta tahona, las carnes se les disminu-
yen, las quijadas se les señalan, y el color se les muere; tanto que en poco tiempo no se distinguen ni echan de ver entre
los que acá estábamos; porque tódos andamos mas amarillos que cagajones.

Acaesce muchas veces que despues de
haber un Letrado residido cinco o seis
meses en la corte con grandes esperanzas, gastada la bolsa, rematadas las prendas, y comidos los cuatro cuartos de la
mula, que no le queda ya della sino la cabeza y el rabo, para comer un sábado;
al tiempo que tenía por cierto salir proveido en un buen correjimiento, con que
se pudiesen emendar todos sus aviesos,
le sale como catarata en el ojo, un Sa-
lud-e-gracia de una comision de cuaren-
ta dias allá para lä Isla de los Lagartos,
o para algun Lugar de los que están debajo de la Tórrida-zona; y acierta a salir de manera, que, si es hibierno, os
le encaminan al abrigo y templanza de
Asturias; y si estío, le encomiendan a
la frescura y sombras de Estremadura;

y sale el negocio y el necio a tiempo que, aunque se hallase la bolsa de Juan de Vot-a-dios, no le podría dar dinero para henchir los hoyos que en corte tiene hechos. Y no hai otro remedio, sino demandar misericordiosa espera a los acreedores hasta la vuelta, que vendrá rico, y cargado de oro en polvo de lä India de Chile.

Alguno destos dice : ‹El Presidente me quiere sustentar como a los pollos de Marta. › Ótro dice : ‹Su Señoría me ha querido ocupar en esta comision, porque no vea hacer en ótros las buenas provisiones; como suelen engañar al niño con algun juguete, porque nö eche de ver que sale fuera de la casa el ama que le cria. Pues, repudiar este legado no conviene, porque no nos digan que si menospreciamos lo ménos, nos menospreciará lo mas.› Y así el pobre Letrado arroja el pecho al agua, y párte a su comision cargado de duelos, y rodeado de alforjas.

Otro gusto, otro alivio y otro consuelo para el triste *Cata-ribera*, despues que las provisiones han estado represadas seis o siete meses en la Cámara del Presidente,—ver salir una sola; y de ahí ä otro mes ótra sola, como dolores de parto es-

pacioso, o traque del que está con pasion
de cólica. Y cuando ya las tinieblas de la
consulta se aclaran, y la presa de las provisiones se suelta, y se mandan publicar,
aquí es el clamor, y el sonido de los dientes de los que salen condenados : uno,
que quiere ser Correjidor sin tener juicio
ni mano para correjir una plana de un niño que comienza a escribir, dice que va
tódo por favor, y que sin éste no aprove-
vechan Letras ni partes. Ótro que por
ventura lo merescería bien, echa la culpa
a su desgracia y contraria fortuna. Ótro
loa á Dios por ello; y ótro lo da á todos
los Diablos. Y al fin algúnos con paciencia, y los más sin ella, desamparan el
campo y el estandarte de la presidencia,
y toman el camino para donde Dios los
ayuda; y algúnos (segun ellos dicen) para donde el Diablo los lleva, diciendo:
«Ya que escapamos desta miserable guerra, como soldados de campo vencido,
sin blanca, sin armas, sin vestidos y sin
consuelo alguno; ¡no nos diera el Presidente siquiera sendas varillas que lleváramos
en las manos, para pedir limosna
por donde pasáranos!»
    Desta manera lo pasamos en esta cor-
te. Y en fin, hablando jeneral-mente de

los miserables *Cata-riberas*, digo que mí-
seros somos, miseria pedimos, miserias
nos dan, y miserable-mente vivimos.

Ya que he dado cuenta jeneral de nuestro modo de vivir en la corte, quiero des-
cender a algunos casos de mi particular,
y de ötros que han pasado, y he visto,
despues que vine, entre los de mi pretension.

Yo vine ä esta corte, y por no perder tiempo, en acomodándome de aposento, ordené un memorial para el Presidente, y le fuí ä hablar; y quiso mi fortuna qne entrando a hora que negociaba,
entraron delante de mí, uno tras otro,
dos Letrados recien llegados, que ïbau como yo con sus memoriales en las manos.
Parescíamos todos trés cofrades de la
Merced, que íbamos en procesion con
nuestros cirios encendidos. Llegó el primero, y comenzó a häblar; y llevaba las
manos tan embarazadas con su memorial,
que no pudo, o no se le acordó, quitar-
se la gorra, y como no tenía hecha la lengua a revolver Señorïas, con una Señoría se le fueron dos Mercedes, como man-
sos con el toro. Y un paje viéndole hablar
tan cabizcubierto, llegóse ä él, y quitó-
le por detras la gorra de la cabeza; y él

volvió, y advirtiéndose de su descuido, se
turbó tanto, que no pudo hablar palabra;
ántes se quedó allí, como si de carne y
hueso se hubiera convertido en piedra.
El Presidente viendo que no hablaba, ni
se iba, le dijo: «Dad acá el memorial;
que por él veré lo que quereis.» Él sol-
tó el memorial, y volvió las espaldas tan
de presto; que temí se volvía como mula maliciosa a arrojar un par de cozes al
Presidente: empero quiso Dios que no lo
hizo, sino salióse sin hacer reverencia,
ni acatamiento, paresce que entendiendo
que no le había de aprovechar, aunque
le hiciera; salvo si no lo dejó de hacer
por tener tan descuidado el pie como la
mano.

Llegó luego el otro Letrado (que era
mas desenvuelto y bien criado) quitada
su gorra, y hizo una reverencia tan baja,
que creo se holgara de hallar un aguje-
ro, por do meter la rodilla, por bajar
del suelo de la Cámara, y dijo: «Yo me
llamo el Bachiller Pascual Redondo, soi
vecino del Lugar de Bociguíllas, donde
he servido toda mi vida a S· M·, a tiempos abogando, y a tiempos barbechando
mis tierras, y haciendo mis agostos y ven-
dimias, para encerrar pan y vino y pa-

ja para el bastecimiento desta corte. Y
aún estube una vez aceptado por Tenien-
te de Correjidor de Becerril de los Campos; sino que me revolvieron con el Correjidor, y no me quiso llevar consigo.
Suplico a V· S·ª me haga tanto placer,
que me emplee en alguna cosa buena; que
yo serviré a V· S·ª, como verá.» El Presidente, riéndose le dijo: «Por cierto
que es mui justo que quien tan bien ha
servido a S· M·, sea remunerado conforme a sus servicios. Ídos a vuestra casa;
que ofresciéndose en qué, se terná memoria de vuestra persona.» Él entónces
quiso dar el memorial, y el Presidente
dijo que se le llevase; que para acordar-
se del, no había menester memorial.—Ni
aun memoria» (dije yo entre mí): y así
él hizo otra reverencia mui baja, y se salió contentísimo.

Yo llegué luego, y dije al Presidente
mi razon: oyóme, y dióme la respuesta ordinaria, «que haría por mí lo que pudiese» (y yo me contentaría con ménos):
tomó mi memorial; y salíme, y alcanzé al
Br· Redondo, el cuál mui contento se volvió a mí, y me dijo: «¿Qué le paresce, cómo no me turbé yo, como el otro? Tódo
es burla, sino hablar sin empacho. Mire

cómo se holgó el Presidente de oírme.
Tenga por cierto que me ha de dar el
primer correjimiento bueno que provéa;
porque así se lo pedí yo, que me diese
cosa buena. Que si estos Licenciadillos
que andan por aquí perdidos mil años,
supiesen hablar, y decir bien las cosas en
que han servido; yo fio no tardase tánto
el Presidente en proveerlos. Mas, si cuando se ven delante dél, no saben decir
«ojte ni mojte», ¿qué les ha de dar?»

Yo le dije: «Por cierto, Señor Licenciado, Vm· tiene mucha razon, y sale
respondido como hombre regalado, y mui
del asa; pues le mandan ir a su casa a esperar la provision, para que no gaste su
hacienda en esta corte. —¡Ah, por Dios,
Señor!» (dijo el Bachiller) «¡Cuánto mejor será que me lo envíen a mí casa, que
nó aguardarlo aquí; aunque creo que no
tardará múcho en salir! Pues no piense
que yo era del asa; que yo le prometo
que es hoi el primer dia que háblo al Presidente; y pésame de no haber venido ántes, que ya estuviera mui honrada-mente
proveido; sino que cuando los hombres
nos hacemos al pan casero, y al torrezno
de las mañanas, no nos sacarán de casa, aunque nos prometan cien obra-
F

das de barbechos y mil reses vacunas.»

Con todo este consuelo se fué el Br·
Pascual Redondo a su casa a esperar su
provision; que llegará, cuando el cuervo
de Nöé venga a se la llevar en el pico; y
con todo ëso fué mejor despachado que
yo, que me quedé en esta corte a esperar la mia, que creo no llegará mas tem-
prano.

Desta manera andube un mes, apren-
diendo el estilo de los Señores *Cata-riberas* en los acompañamientos, en las representaciones, en los corrillos y en las otras
cosas necesarias para el entendimiento
del arte (peor que mecánica) de los su-
sodichos: que no fué póco en un mes tomar el pulso, y conoscer la complision a
cuerpo de negociacion tan varia.

Y al cabo deste mes, pidiéndome el
mozo dineros para la despensa, metí la
mano en el talego, y hallé dentro tanta
nouada; que pensando que aquella mano
se me había pasmado, y perdido el tacto
della, metí lä otra; y como hallé tan póco que palpar, me ví en términos de perder el sentido por lo que no sentia. Y así
viendo que la moneda se había ïdo, y mi
provision no parescía, puse mis ojos en
el bolson, y víle y sentíle tan sin virtud,

tan frio y boqueando como enfermo que se va de cámaras; y por no acabar de quedarme en seco como el pez, cuando cesa la corriente que le sacó de la madre del rio; despaché una provision a mi casa, firmada con mi firma, y sellada con mi sello, imponiendo cierto tributo sobre las raciones y alimentos de todas las cabezas della, sin ecsceptar mamante ni piante, que no contribuyese para el socorro de la prosecucion desta guerra. Y mi provision fué obedescida y cumplida. Y así me entretuve otro mes con este socorro y mi esperanza: en el cuál salió proveido el correjimiento de Medina del Campo en un Letrado; y salió este oficio solo, como preso que ha estado mucho tiempo en la cárcel, y la quebranta, y se suelta por redimir la vejacion de la larga prision.

Y acaesció sobre esta provision un buen cuento entre dos *Cata-riberas,* un Soldado y un Letrado: y es que al Soldado, que por aventura tenía puesta su esperanza y corazon en las décimas de Medina, y en las conmodidades que le habían de hacer los Mercaderes que allí tratan, en los precios de lo que comprase, pesóle múcho de ver proveido el oficio en otro; y estando tratando de la provi-

F:

sion en la sala en corro de Pretendientes,
él dijo con múcha cólera: «Ahora, cosa incomportable es que Letradillos lleven a los
Caballeros tan buenos oficios, como el de
Medina.» Un Br· que estaba en el corro,
volviendo por el honor de la profesion,
dijo al Soldado: «¿Por qué halla Vm· eso
mas incomportable, que ninguno destos
Caballeros que están aquí, que son Letrados?—Síentolo mas» (dijo él mui de-
mudado) «porque a un Caballero como
yo, que he servido a S· M· derramando
mi sangre, no se habían de anteponer Ba-
chillerejos. —Pues no me paresce a mí»
(dijo el Br· con mucha flema) «que Vm·
ha servido múcho a S· M· en derramar
su sangre: mas le sirviera en derramar la
de los enemigos: que quien va a la guer-
rra, nó ä herir, sino a ser herido (digo,
nó a ser huido, sino a huir) no obliga a
S· M· para que le haga mercedes, ni a su
Presidente para que le dé correjimientos.»

El Soldado, con mucho enojo de las
palabras del Br·, dijo: «Quien dice que
yo he huido, miente; que yo he derramado mi sangre peleando como mui buen
soldado.—Creo yo» (dijo el Br·) «que
esa peléa y derramamiento le habrá Vm·
hecho con el dado; porque, si fuera co-

mo Vm· mas miente, no tuviera necesidad
de venir acá por armas para sacar y chupar a los Cristianos la sangre que dice ha-
berle derramado los Moros; que allá le hubiera premiado S· M·, o sus Jenerales. »

El Soldado, que demostró ser tan corto de razones como de razon, quiso cerrar con el Br·, para suplir con las manos
la falta de la lengua : mas metímonos en
medio los que allí estábamos, de manera,
que no dimos lugar a mas rompimiento.

En este tiempo se hizo otra vez rese-
ña de la jente de mi bolsa, y salieron al
alarde tan pocos Soldados; que entendiendo que entre mis súbditos no había mé-
dio para mas socorro, me procuré valer
de mis amigos y deudos; a los cuáles
despaché mis cartas de creencia, y de
ellos me llegó otro socorro, que me re-
suscitó de muerte a vida.

De estotros Caballeros de espada y capa
que no han servido a la Milicia en particular, casi no tengo qué decir: porque
los veo en corte tan humildes y bien co-
medidos, tan justificados en sus palabras,
tan despreciadores de cohechos, y tan
amigos de Oficiales fieles; que son aquí
los mejores Correjidores del mundo: y si
en el aldegüela no hai mas mal, que sue-

na, merescen S· M· les haga mucha merced. Empero porque en el mui buen pa-
ño suele haber la raza, y en la mas fina
grana cae la polilla, y nó todos los llamá-
dos han de ser escojidos, ní hai cuerpo
sin ijada; diré lo que he visto en ciertos miembros deste cuerpo de Caballería. Y es que un mes despues de la provision de Medina que he dicho, salieron proveidos dós destos Caballeros en dos correjimientos: los cuáles no hubieron sacado
los recudimientos de sus rentas , cuando
pusieron en almoneda y pregon algunos
miembros dellas, para los arrendar de por
menor, empero por la mayor cantidad que
pudiesen. No faltaron personas que hicieron posturas: rematáronse las tenencias,
los alguacilazgos, las alcaidías de cárcel, y
algunas destas rentas tan bien subidas, que
van bien seguros los arrendadores de la
puja del cuarto. Yo, entendiendo el negocio, dije ä uno destos Correjidores que se
me daba por amigo: «Señor, mirad lo que
haceis; que no es permitido vender los
oficios; que, como sabeis, se han de dar
líbres, para que vuestros Oficiales los hagan bien y libremente.»

El Correjidor me dijo: «¿Qué quereis que haga; que hä un año que estoi

en esta corte esperando este corréjimien-
to? No os parescerá bien que, pues ya
me vino a las uñas, me pague las ecspen-
sas del detenimiento? Que juro a Dios
que no hai real en galera para ïr ä él, ni
para salir desta corte; si estos Ministros no me ministran. Y aun allá yö os
prometo que no tengo de tener las manos
cerradas a los que de buena voluntad me
lo ofrescieren.—No hagais tal, Señor»
(dije yo); «que el principal bien de los
Jueces es tener las manos limpias.—Limpias y relimpias las traeré yo» (dijo él):
«porque me las lavaré cada dias tres veces, cuando me levantare de la cama, y
sobre comida, y despues de cena: y el
oro no ensucia las manos.—No, oro no;
guardáos del Diablo» (le volví a decir);
«aun ya cuando visiteis la tierra de vuestra jurisdicion, rescebir un cabrito, un
par de perdices o de conejos, por mode-
rado precio, aun no es tanto mal; aunque tambien por esto no faltará quien diga que os corrompen, para que dejeis de
hacer justicia.—Mui delgado hilais» (dijo el Correjidor): «deso de comer y be-
ber, cuanto viniere de limosna rescebiré
yo de mui buena gana; porque *quod intrat
per os, non coinquinat hóminem* (=lo que en-

tra por la boca, no corrompe al hombre);
y sabréis que los Correjidores podémos
mui bien rescebir todo lo que consiste en
peso, número y medida: porque lo que
se pesa, rescebímoslo sin pesar: en lo
que se cuenta, no hai cuenta: y para lo
que se mide, nos paresce que nos da el
Rei la vara.—Guardáos de una residencia, Señor» (le respondí): «mirá no os
den vómitos en ella, con que alanceis el
humor malo y bueno: quiero decir, lo
bien y lo mal ganado.—Andad» (dijō él):
«que ya tengo ecsperiencia deso; que mil
ducados de cohecho nunca costaron qui-
nientos de pena; que si una vasija está
llena de miel, aunque la trastornen y va-
cien, siempre se queda álgo pegado en
ella: y así a los Correjidores, aunque
mas nos sigan y persigan y condenen, con
un buen cohecho que hayamos rescebido,
pagamos todas las nonadillas que en residencia nos cargan, y äun nos queda pan
para nuestrō año.»

El otro Correjidor no sé qué intencion llevaba; aunque pues el principio fué
semejante al de este mi amigo, piadosamente se puede presumir no serán diferentes los medios de la administracion.

Ambos se fueron, y yo quedé tan que-

do, que aun hasta agora no me he mudado deste lugar, aunque lian corrido otros
dos meses. Al principio tenía alguna esperanza de salud, y ya la voi perdiendo
del todo, como enfermo que va de mal
en peor; porque en parto tan largo no
creo que dejará de nascer hija al cabo.

Dias ha que viendo que no nos puede
venir socorro de parte alguna, vamos
acortando las raciones. La mula rebuzna,
el mozo gruñe, y yo bozezo : mas ¿ qué
hemos de hacer? que nos vemos como
los que están sitiados de enemigos por todas partes, y no les puede entrar socorro, ni bastimento, sino comer por on-
zas, para podernos entretener algun dia
mas. Hecha tengo la cuenta; y si el sus-
tento me llega à otro mes, sera todo lo
del mundo. Determinado estoi de si en
todo este mes (con que se cumplirán séis
de mi residencia en corte) no me saliese alguna suerte, volverme a mi casa;
porque para tan corta vida, como los hombres ya vivimos, basta ser medio año necio. Y sin duda no me deterné mas; porque si no fuere proveido, seré pobre ido.
Y nuestro Señor etc.

De Toledo, y de abril 15 de 1560.

EUJENIO DE SALAZAR.

POESIAS

DE

EUJENIO SALAZAR DE ALARCON.

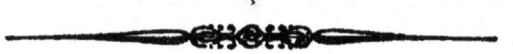

«AL *insigne* HERNANDO DE HERRERA

EPISTOLA,

en que se refiere el estado de la ilustre ciudad de Méjico, cabeza de la Nueva-España, y se apunta el fin de cada una de las
Artes-liberales y Ciencias, y la propriedad
de todas las especies de Poësia (*)»

Aquí, insignë HERRERA, donde el Cielo
En círculo llevando su grandeza,
Pasa sobre Occidente en presto vuelo:
   Aquí, do el sol alumbra la belleza
De los valles y montes encumbrados
Que a nuestra España dan tanta riqueza:
   De donde los metales afinados
A los estraños reinos enriquecen,

(*) «*No hai respuesta desta Epístola, porque
cuando llegó a España, era ya muerto este famoso
Poëta.*»–NOTA DEL AUTOR.

HERRERA murió de 63 años en Sevilla, su patria, el
de 1597.–EL EDITOR.

Por las saladas ondas navegados:
    Aquí, do con los tiempos ya fenecen
Del grande Motezuma las memorias,
Que con ótras mas claras se escurecen:
    Aquí, do trasladaron sus victorias
Los claros Españoles en jornada
Que ha subido de punto las Historias:
    Aquí, do la alta y gloriösa espada
Del ínclito Cortés (que justamente,
Fué a los Nuéve famosos igualado)
    Venció la multitud de Indiana jente,
Mandada por su brazo valeroso,
Rejida por su seso y sér prudente:
    Aquí, donde con ánimo piadoso
Puso en huïda el Estremado Hernando
La adoracion del ídolo engañoso;
    Injustos sacrificios estirpando, (1)
Los justos con gran zelo introduciendo,
Y en el divino altar los presentando:...
    Aqui, do la lealtad y la ecscelencia
El gran Cortés mostró de su persona,
Su fe supliendo de su Rei la ausencia;
    Juntando un Orbe nuevo a la Corona
Reäl de España, de caudal inmenso:
Hecho que mar y tierra le pregona:...
    Aquí, que como en la jentil floresta
La linda Primavera da mil flores,
De beldad llenas, con su mano presta;
    Van descubriéndose ótras mui mejores,
Dë Artes y de Ciencias levantadas,
Que ilustren estos nuevos moradores:
    Gramática concede sus entradas
A la injeniosa puëricia nueva,
Que al buen Latin sus ganas ve inclinadas.
    Gusto del bien hablar tras sí la lleva
Del lenguaje polido y bien-sonante;
    Y en el bien escribir tambien se prueba.

La facunda *Retórica* elegante,
Para la persuasion tan de importancia,
Con invencion copiosa va adelante.

La *Música* y su dulce consonancia
Que al buen oido con su son contenta,
Y no consiente dura disonancia.

Y la *Aritmética* arte, que acrecienta
A la unidad con números, y entiende
La inmensidad del Orbe por su cuenta:

La ciencia *Dialéctica* que enciende
La cólera arguyende, y con porfïa
La resolucion cierta comprehende.

Ya mide y proporciona *Jeometría*,
Y descripcion universal nos muestra
La varia y jeneral *Cosmografía*.

Tambien la *Astrolojïa* da la muestra
De fijeza y error en las estrellas,
Con la *Astronomia* que el juïcio adiestra.

Y la *Moral* Filosofïa entre ellas
Sale dando preceptos memorables,
Y reglas justas de costumbres bellas.

La *Física* descubre los notables
Secretos de las cosas naturales;
Que en esta tierra hai múchas admirables.

Efectos hace contra los mortales
Conflictos del humor que prevalece,
La fuerte *Medicina* en nuestros males:

Ya enseña aquí si el accidente crece,
Cómo se ha de salir del turbio estrecho,
Y correjir la sangre que podrece...

Ya nos envïa nuestra madre España
De su copiosa lengua mil riquezas,
Que häcen rica aquesta tierra estraña.

Tambien Toscana envïa las lindezas
De su lenguaje dulce a aqueste puesto
Que en-breve estará lleno de pröezas.

Y ya acudiendo la Pröenza a aquesto,

Su gracioso parlar le comunica ,
Y presta de su haber un grande resto.

 Tambien llegó la Griega Lengua rica
A aquestas partes tan remotas della,
Y en ellas se señala y amplifica

 La Nueva-España. Ya resuena en ella
El canto de las Musas deleitosas,
Que vienen con gran gusto a ennoblecella:

 Y en las mas claras fuentes sonorosas,
Y en los mas altos montes florecidos
Piden veneracion las dulces Diosas ;

 Cantando versos dulces y medidos,
Diversas rimas con primor compuestas,
Que de armonia llenan los oidos.

 Ya por los prados y por verdes cuestas
La ruda Musa dulce-mente suena
A las ovejas , a la sombra puestas.

 Y su zampoña , de malicia ajena,
Y del ornato de ciudad curiosa,
Con cuerda sencillez su son ordena.

 Ya la *Elejía* tierna y dolorosa
A tiempos triste movimiento hace,
En los sucesos tristes mui llorosa.

 Ya el *Epigrama* breve nos aplace
Con su agudeza y lépido conceto,
Que nos quita el enfado, y le deshace.

 Ya al preguntar y responder perfeto
Las Musas en *Diálogo* se atreven
Con gusto del oyente mas discreto.

 No faltan ya Pöetas que reprueben
Con *Sátira* mordaz y airado zelo
A los que iniquinad y vicios beben.

 El *Lírico* cantar que en alto vuelo
Se eleva con mesura y dulce acento,
Tambien recrëa aqueste estraño suelo.

 Y del *Heroico* canto el henchimiento
La variedad copiosa , ilustre y grave

Ya comienza a tomar aquí su asiento.

    Y el *Cómico* que bien lo bueno alabe
En representacion sabrosa-mente,
Y las costumbres malas desalabe,

    El bien y el mál nos pone allí presente,
Siguiendo el caso hásta el buen suceso,
Con que el atento pueblo gusto siente.

    Y el *Trájico*, al reves, muda el proceso,
Parando en caso triste y desastrado
Para recuerdo y bién del pueblo avieso.

    Aquí, famoso HERRERA, han ya llegado
Las delicadas flores que cojiste
En el Pierio Monte celebrado: (2)

    Y los preciosos ramos que escojiste
En las sublimes cumbres de Citéron,
Por quien famosa laurea mereciste:

    Que con su nueva luz resplandecieron,
Y con la gran fragrancia de licores
De Libetea y Castalia trascendieron.

    Su peso, gravedad y sus colores,
Su flor, su gala y gracia y su dulzura
Su blandura suäve y sus primores,

    A todos los Injenios dan hartura;
Admiran al profundo y dulce Apolo,
Que no ve en ellos consonancia dura.

    De suerte que del uno al otro polo
A las divinas Musas va igualando
Tu suäve y sonoro canto solo.

    Tambien Minerva queda aquí plantando
Una *Universidad* autorizada,
Do sus ciencias se van ejercitando.

    Y aun la tiene ya cuasi levantada,
Poblada de Doctores eminentes
Y de una juventud bien inclinada,

    Dotada de juïcios ecscelentes,
De habilidad tan rara y peregrina;
Que parecen Mäestros los oyentes:

Hija de aquella insigne Salmantina,
Que a la de Aténas pasa en agudeza
De Ingenios y ejercicios y doctrina.

Y aqui tambien comienza la fiereza
Del fiero *Marte* ya a sentar su escuela,
Poblada de instrumentos de braveza:

Rompiendo gruesas lanzas en la tela,
Sufriendo el duro golpe en el tornëo,
Aunque el brazo y cabeza sienta y duela.

Con gran destreza gobernar ya vëo
La adarga y lanza y el feroz caballo,
Sin que el jinete häga lance fëo.

La pasta bien templada aquí la hällo
Que häce al cuerpo mui fïel resguardo
Con lustre, que es contento de mirallo:

El corazon ardiente y nada tardo
Para el acometer un bravo asalto
Con gran denuedo y corazon gallardo.

Y äsi, ël mas bajo, y el mas alto,
En la *Milicia* fuerte se ejercita,
Por no hallarse en ocasiones falto...
Aquí la sacra Relijion levanta
Sus relijiosas Órdenes que ecsplican
La divina palabra con fe santa.

Y zelosos Ministros que predican
El Evanjelio de Jesus divino,
Con que las nuevas plantas frutifican.

Aquí ya la Justicia abrió el camino,
Y su perpetua voluntad constante
Da el derecho al estraño y al vecino.

Aquí halla consuelo el pleiteante,
El húerfano y la viuda son mirados,
Y el miserable pueblo va adelante.

Porque en estos gravisimos estrados,
A donde el Rei de mí se sirve agora;
Son los que póco pueden, amparados
Por la Real Audiencia amparadora,

Por el alto Virei que nos gobierna,
Y está mui vijilante a cualquier hora...
   Aquí en estos principios venturosos
Son, pues, de grande efecto los escritos
De Escritores mui doctos y famosos:
   La ayuda de sujetos mui peritos,
Flores de los Injenios mas floridos,
Y prendas de Varones eruditos.
   Obras de los Mäestros escojidos,
De la segura y sólida doctrina
Por quien son estimados y seguidos.
   Por eso acá la juventud se inclina,
Y los provectos mas, Señor HERRERA,
A la leccion, que a todo injenio afina.
   Por eso con desëo acá se espera
De tu sabia Minerva el candil rico
Que de erudiciòn llèna aquesta esfera.
   El varío y ecscelente multiplico
De tu varia doctrina provechosa,
De que sin duda alguna testifico:
   Despues que de tu Musa artificiosa
Vi los suäves versos y canciones,
Y el estilo y ornato de tu prosa;
   La erudicion de tùs *Anotaciones*, (3)
Que tienen admirado al Nuevo-mundo
Con su elegancia y sûs resoluciones:
   Con su Comento, de saber profundo,
De todas facultades muestra clara,
En que perpetuos loores de tí fundo.
   Bien mereció por cierto aquella rara
Musa de nuestro ilustre Garci-Laso
Que tu fértil injenio la ilustrara:
   Que de sus cultos versos cualquier paso
Tú nos le interpretases y ecspusieses;
Pues pasan tánto a los del culto Taso:
   Que con tu fino esmalte lustre dieses
Aloro de la rica Pöesïa,

Y con tu clara luz la descubrieses:
 Como en la honda mina, donde el día
No entra, ni del sol alguna lumbre
Que muestre el metal rico dónde guía,
 Metida la candela que la alumbre,
Descubre luego la preciosa veta,
Que hinca al centro desde la alta cumbre.
 Y pues se apareció acá la cometa
De favorable aspecto y suerte diestra
De tu poesía y cosa tan perfeta:
 Y cual la linda Aurora que demuestra
La venida del día, y asegura
La luz que alumbra la carrera nuestra:—
 Así las obras tuyas que ventura
Hizo asomar al horizonte nuestro,
Prometen ótras llenas de hermosura,
 Obras de peritísimo Maestro,
De tan polida y bien cortada pluma,
Y de pincel tan delicado y diestro.
 Aquí, donde imperó el gran Motezuma,
Y el Mácsimo Filipo es hoi Monarca,
Envia mas partes de tu grande suma:
 De tu caudal, que ciencias mil abarca,
Nos traiga el Océano otra vuelta
Ántes del corte de la mortal Parca
 La presa ya del dulce néctar suelta,
Que inunde y fertilize las estrenas
Del Nuevo-mundo con verdad resuelta.
 Abre de tu saber las ricas venas,
Y de tu entendimiento y elocuencia
Salga el rico licor de que están llenas.
 No nos retiene el Cielo su influéncia,
Ni el sol sus rayos, ni la tierra el fruto:
Ni te querrás tú alzar con tanta ciencia;
 Sin que pagues el feudo y el tributo,
A Dios debido; que de su alta idéa
Te dió saber, y hizo resoluto.

G

Que en el subjeto grato bien se emplée
El don de la doctrina; y la agradece
El que con ella aprovechar desëa.

Y si te hïzo rico el que enriquece,
De su sabidurïa a quien le place,
Y con ella tu nombre así engrandece;

Con tú gozarla no se satisface,
Si con largueza no la comunicas:
Que el bien de múchos múcho á Dios aplace.

De tu virtud y de tus partes ricas,
Acepta opinïon y clara fama,
Con que al loör loöres multiplicas.

Asido estoi, como de su árbol rama:
Como atractiva iman a tí me llevas:
¡Óh tela fuerte, la que virtud trama!

No quiero otras señales, ni otras pruebas
Para escojerte por perpetuo amigo.
Obligarme has, si mi designio apruebas.

Razon harás, si a lo que quiero y digo,
Acudes con amor, cual me lo debes;
De que mi corazon es buen testigo.

Que si aceptarme en tu amistad te atreves,
No encontrarás con estropiezo alguno,
Por donde la recuses, ni repruebes.

No te seré molesto ni importuno;
Ni pediré lo que no sëa honesto:
Tu virtud quiero, y otro bién ninguno.

Quiero tu voluntad, y nó otro puesto
Metas en esta sociedad amiga:
Yo voluntad y corazon mui presto.

Que tú otro yo, y yo otro tú me diga;
Que te ame yo de veras, y tú me ames;
Mi sombra a tí, y a mí tu sombra siga:

Que yo tu amigo, y mio tú te llames;
Que sabrás como sabio mui bien serlo.
Nunca me olvides, nunca me desames;
Que yo prometo, ¡óh HERNANDO! merecerlo.

«CANTO DEL CISNE,

en una despedida de su Catalina *para una ausencia ultramar, ántes que se desposase con ella.* »

  Cuanto el tiempo va acercando,
Señora, ya mi partida;
Tánto mi penosa vida
Siento se me va alejando.
  Que si la presencia tuya
La pierdo con el partir;
¿Cómo es posible vivir
El cuerpo sin la alma suya?
  Y ¿cómo sufrir podrá
La fuerte separacion
De su alma el corazon
Que tan lastimado está?
  Y si de mi clara estrella
Me tengo de desvïar,
¿Cómo veré a caminar
A escuras, sin la luz della?
  ¿Qué contento, u qué conhorte
Vientos y mar me darán,
Si se me queda mi iman,
Y he de navegar sin norte?
  Ya no me darán consuelo
Tus ventanas, luces mïas;
       G:

Do tú alumbrando salías,
Como la luna en el cielo.

¡Óh, si estos ojos, Señora,
Vieran tu rostro divino;
Como le han de ver contíno
Los del alma que te adora!

Que aunque los llevo tapados
Con ausencia y disfavores;
Los ojos del Dios de Amores
Mucho ven, y están vendados.

¡Óh, si un fin ménos penoso
Mis hados darme quisiesen,
Ántes que mis ojos viesen
Este partir tan lloroso!

En aqueste apartamiento
Que la Fortuna me ordena,
Muchas cosas me dan pena,
Que revuelve el pensamiento.

Traeme triste y mui penado
Un congojoso temor:
Que en no viendo a tu amador,
He de ser de tí olvidado.

Fatígame en gran manera
El pensar si has de creer
Que en dejándote de ver,
Dejaré de ser quien era.

Que en aquesto agraviarías
A mi leáltad y fe;
Pues el que he sido seré,
Hasta el cabo de mis dïas.

Que ausencia no hará mudanza
En mi pecho tan constante;
Aunque el tuyo de diamante
No dió entrada a mi esperanza.

    Y si de tí me olvidare,
De mí me olvide primero;
Que a tí, mi Bien, sola quiero,
Miéntras mi vida durare.

    Mi voluntad y memoria
Estará, y mi entendimiento
Siempre en tu merecimiento:
Y esta será ya mi gloria.

    Más este bien que me queda,
En tu crueldad pensando,
Se deshará suspirando,
Como del pavon la rueda.

    ¡Óh, si tan grata me fueses,
Que algunas horas guardases,
En que de mí te acordases
El tiempo que no me vieses!

    Acúerdate, ingrata Dama,
Deste mi amor tan profundo,
Y que soi en todo el mundo
El que mas te ha amado y ama.

    Acúerdate que por tí
Sufrí con gran voluntad
Las pruebas que tu crueldad
Ha hecho contino en mí.

    Y acúerdate, Amor, si quieres
Del que nunca ha de olvidarte,

Y en cualquiera tiempo y parte
Querrá lo que tú quisieres.

    ¡Óh, si despues de yo ïdo,
Dijeses por este ausente
«¿Cómo estará aquel doliente,
De quien nunca me he dolido?»

    Mis dolores y jemidos
Ya no pueden tener medio;
Aunque ausencia es el remedio
De amantes aborrecidos.

    Que el irme a tierras estrañas.
Señora ¿qué me aprovecha,
Si llevo tu fija flecha
Encarnada en mis entrañas?

    Ni ¿qué prestará alejarme
De tus ojos inhumanos,
Si tus blancas largas manos
Donde quiera han de alcanzarme?

    Que tú, como el pescador
Que da larga al pez prendido,
Me la das, por verme asido
Del anzuelo de tu amor.

    Y aunque partiendo, mi pena
Se hubiese de consumir,
No sé cómo tengo de ir
Arrastrando la cadena.

    Y pues llevo tu ése-y-clavo,
¡Ojalá que me prendiese
La Justicia, y me volviese
A tí, porque soi tu esclavo!

¡Óh, si tus ojos serenos
Dejasen ya su inclemencia,
Y alguna vez en ausencia
Echasen tu siervo ménos!
    ¡Óh si algun suspiro tuyo
Con los mios se encontrase;
Y a los que yo te envïase,
Les dieses el lugar suyo!
    Muero tu beldad no viendo,
Y muero tambien con verte;
Más el ver da dulce muerte:
No ver es vivir muriendo.
    Pues, Señora, si me alejo
Do no te pueda ver mas;
Por lo dicho entenderás
Con cuánta razon me quejo;
    Habiendo de estar subjeto
A un desesperado mal,
No viendo el rico caudal
Dese tu divino objeto:
    No viendo tu hërmosura,
Tu gracia, ni jentileza,
Tu discrecion, ni grandeza
(¡Ai de mí, y de mi ventura!)
    Bien puedes tener por cierto
Que si llego a despedirme
Y de tu vista partirme;
Allí, o presto he de ser muerto.
    Y si luego no muriere,
Será para mayor mal,

Viviendo en pena mortal
Cuanto yo sin tí viviere.

   Que llores por mí no quiero,
Aunque muerto tú me veas:
Solo te pido que creas,
Mi Vida, que por tí muero.

   Y este llanto lastimero,
Señora, no te moleste;
Que el canto del cisne es este,
Dulce y tierno y postrimero.

CANCION.

¡Varias y lindas flores,
Suăves frescas rosas,
Galanas hierbas que adornais el suelo,
Y de varios colores
Librëas dais hermosas
A cuantos campos cubre el alto cielo!
(¡Ai me!) cuánto consuelo
Me diera ver agora
En este lindo llano
La delicada mano
Que el corazon me aprieta a cualquier hora,
De vosotras cojiendo;
Cabello, frente y seno floresciendo!

Vos ¡árboles! que estáïs
De fructos diferentes
Y verde höja agora tan cargados,
Y dulce sombra dáïs
En las siestas ardientes
A aquestos ricos campos esmaltados!
(¡Ai!) cuánto mis cuidados
Y penas se aflojaran,
Si a la jentil persona,
De las líndas corona,
Vuestros sombríos ramos cobijaran;
Mi rostro en su regazo,
Cubierto a ratos con su bello brazo!

Y en tí que en limpia arena

Los guijos vas bañando,
¡Óh agua dulce y fresca y cristalina!
Y sin alguna pena
Pasas, hora encontrando
La blanda flor, hora la dura espina!
(¡Ai!) si mi CATALINA
Sus lindos pies metiera,
Y en tí se los lavara;
Y en tu corriente clara
Su beldad y blancura se estendiera;
¡Cuánto de mejor gana
Los viera yo, que Acteon los de Dïana!

   ¡Aire suave y sereno
Que con cuerpo invisible
Esta florida estancia llena tienes;
Y tú estás tambien lleno
Del olor apacible
Que de las flores della en tí retienes!
(¡Ai!) cuán mayores bienes
Y claridad tuvieras;
Si el jentil cuerpo y jesto
Y sèr grave y honesto
De mi esperanza y dulce Amor ciñeras;
Y por tí se esparcieran
Los rayos que sus ojos producieran!

   ¡Subtil y presto viento,
Que con vuelo agradable
De planta en planta vas, y rama en rama;
Y con tu movimiento
Aqueste olor amable

De las flores y rosas se derrama!
(¡Ai!) si a la que más ama
Mi corazon ansioso,
Entre estas plantas raras
Blanda-mente aventaras
Aquel cabello de oro tan lustroso,
Con que da al alma mïa
Mas de mil fuertes nudos cada dïa!
 ¡Lozanas y polidas
Aves, de amores llenas,
Que yendo por el aire mansa-mente,
O en árboles mecidas,
Con vuestras cantilenas
Haceis un son suäve y ecscelente!
(¡Ai!) cuánto mi alma siente
Que esté de vuestro canto
Léjos el vivo oïdo
Y singular sentido
De quien sobre mí tiene poder tanto!
Que a estar aquí mi Estrella;
Gozara ella de oïros, yo de vella.

 Pârte desta verdura,
¡Cancion! y vê a do posa
La que llamaran Diosa
Jentiles, de la Gracia y Hermosura;
Y dí que si no muero,
Es porque verla, o tierna o dura, espero.

NOTAS

ILUSTRATIVAS

DE LA EPISTOLA A HERRERA.

———◆———

(1). Alusion a los atroces y horrendos sacrificios que los Mejicanos hacían a sus ídolos,
cuando los Españoles descubrimos el Nuevo-
mundo.

Lastimoso espectáculo de supersticion y barbarie presentaban a los ojos del observador filósofo aquellas incógnitas rejiones, y asunto de
larga y profunda contemplacion, donde deplo-
rar, en los horrores de aquella feroz carnice-
ría, los delirios de la imajinacion humana que,
herida de los afectos de temor y esperanza,
se forja visiones y fantasmas, a que luego da
bulto convirtiéndolas en tristes realidades y
ajentes operativos del mal.
  « Idolos a los troncos la Escultura,
      Dioses hace a los ídolos el ruego:»
dice nuestro gran Góngora. La fantasía, ecsa-
jeracion de la sensibilidad, que bien rejida por
la razon haría de la tierra paraïso, abusîva en
rebelándosela, es la mas fatal de las potencias
del alma, y la que mas tiránica ejerce su pre-
dominio sobre las demas, avasallándolas todas;
y siendo, cuando pudiera delicia, azote perdurable del linaje humano. Así el hombre,
por una estraña aberracion del uso de sus fa-

cultades, las que el Cielo le dió para que emplease toda la Naturaleza en utilidad suya, las convierte en instrumentos ecsecrables de su propia destruccion y desdicha!!

Escrito está con sangre el catálogo de los Dioses que adoraban los Mejicanos. El mas sanguinario de tódos era *Vitzilubuchtli*, o Dios de la Guerra: a millares se le sacrificaban las víctimas: rios de sangre bañaban sus aras: la descripcion de sus cruentos sacrificios estremece.

De este tributo de sangre fuimos los Españoles a redimir aquellos iufelices pueblos. En esto es incontestable que hicimos un señalado servicio a la humanidad: el que hemos hecho al Viejo con el descubrimiento del Nuevo mundo, no ha sido aun junsta-mente apreciado en buena razon y filosofia.

En la *Historia universal de las cosas de Nueva-España* que escribió nuestro SAHAGUN, uno de los escojidos Varones que acompañaron a Cortés en su ecspedicion grandiosa, la cuál acaba el Lord Kingsborough de imprimir en Lóndres en sus *Antiquities of Mexico*, (tomo 6·°) en la oficina de R· Taylor con incomparable magnificencia, — describiendo la fiesta del Dios de las Aguas, que ya por su advocacion se discurrirá que no sería el Dios que mas sangre hiciese correr, dice SAHAGUN lo siguiente:

"Las ceremonias idolátricas son tan crueles y tan inhumanas, que a cualquiera que las oyere, le pondrán horror y espanto.

«En las calendas del primer mes del año, el cuál comenzaba el 2.º dia de febrero, hacían gran fiesta á honra de los Dioses del Agua, o de la Lluvia, llamados *Tlaloques.* Para esta fiesta buscaban muchos niños de teta, comprándolos a sus madres: escojían aquellos que tenían dos remolinos en la cabeza, y que hubiesen nacido en buen signo. Decían que éstos eran mas agradables sacrificios a estos Dioses, para que diesen agua en su tiempo.

«A estos niños llevaban a matar a los montes altos, donde ellos tenían voto hecho de ofrecer. A únos dellos sacaban los corazones en aquellos montes; y á ótros en ciertos lugares de la Laguna de Méjico; el un lugar llamaban Tepetzingo, monte conocido que está en la Laguna; y á ótros en otro monte que se llama Tepeculco en la misma Laguna, y á ótros en el remolino de la Laguna, que llaman Pantitlan.

"Gran cantidad de niños mataban cada dia en estos lugares. Despues de muertos, los cocían y comían. Esto hacían á honra de los Dioses del Agua.

"Cuando ya llevaban los niños a los lugares, donde los habían de matar, si iban llorando y echaban muchas lágrimas, alegrábanse los que los veían llorar; porque decían que era señal que llovería mui presto.

"Hacían otra cruëldad en esta misma fiesta: que todos los captivos los llevaban a un templo, que llamaban Yopier, del Dios *Totec.* En este lugar, despues de muchas ceremonias,

ataban a cada uno de ellos sobre una piedra;
dábanles una espada de palo sin navajas, y
una rodela, y poníanles pedazos de madero de
pino, para que tirasen: y los mismos que los
habían captivado, iban a pelear con ellos con
espadas y rodelas: y en derribándolos, llevá-
banlos luego al lugar del sacrificio, donde echados de espaldas sobre una piedra, que ellos llamaban *techcatl*, tomábanlos dós por los píes,
y otros dós por los brazos, y ótro por la cabeza, y ótro con un navajon de pedernal, con
un golpe, se le sumía por los pechos, y por
aquella abertura metía la mano, y le arran-
caba el corazon: el cuál luego le ofrecía al Sol
y a los otros Dioses, señalando con él hacia
las cuatro partes del mundo.

«Hecho esto, echaban el cuerpo las gradas
abajo. En llegando abajo, tomábale el que le
había captivado; y hecho pedazos, le repartía
para comerle cocido." (Lib· II, cap· 20.)

(2). Aquí hace SALAZAR referencia a la
edicion príncipe de las Poesías de Herrera, la
que hizo Herrera mismo, la cuál ya escaséa
muchísimo: su título "*Algunas Obras de* FER-
NANDO DE HERRERA.—*Sevilla, en casa de A·
Pescioni, año de* 1582." 4·º

Fué su aprobante D· Alonso de Ercilla. Es
un cuaderno, aunque de poco tomo, como el
oro, de mucho valor. Francisco Pacheco (el
Pintor), muchos años ya despues de la muerte de Herrera, hizo otra impresion de sus *Versos* con notables aumentos, e ilustraciones de
Francisco de Rïoja; y del Lic· Duärte de la

cuál tengo a la vista un ejemplar con Notas marjinales de mano de D· Francisco de Quevedo.

Herrera es sin duda uno de nuestros mas grandes Pöetas; pero entiendo que hubiera sido mas grande todavía, si hubiese acertado a tomar mejor el pulso al temple particular de su injenio. Yo cuento tres jéneros distintos de Poesía: Poesía del corazon, Poesía de la imajinacion, y Poesía de la razon. La potencia fuerte de Herrera no fué la sensibilidad: y él, contra su vocacion, se empeñó en hacer toda su vida versos de amor. Así son ellos: siendo flojo Galan, ¿cómo podía ser fuerte Pöeta?

Herrera ademas tenía tocados los cascos de la poesía platónica de Petrarca, que tantos buenos Injenios nos ha echado en España a perder!!

(3). Alusion a las *"Obras de Garci-Laso de la Vega, con Anotaciones de Fernando de Herrera.—En Sevilla, por Alonso de la Barrera, año de 1580."* 4.º

Las *Anotaciones* de Herrera son mas curiosas por la doctrina y erudicion poética y filolójica que contienen, que por la ilustracion especial que dan a las obras de Garci-Laso. El tecsto, que es lo que mas ilustracion necesitaba, debió ménos a Fernando de Herrera, que debía al profundo Filólogo estremeño Francisco Sanchez de las Brozas.

El Criticon,

Núm. 4.

ANUNCIO LITERARIO.

"TEÁTRO ESPAÑOL *anterior a Lope de Vega, por el Editor de la* FLORESTA DE RIMAS ANTIGUAS CASTELLANAS. —*Hamburgo, en la librería de Frederico Perthes.*"—Un tomo en 8.º marquilla. Véndese en Cádiz, casa de HORTAL.

Dulce empeño es para un español amante de las Letras y de la gloria de su patria, el de haber de anunciar al Orbe literario los servicios que años-hace está prestando á la Literatura Española un estranjero, que ha hecho de la España su patria adoptiva.

D· JUAN NICOLAS BOHL DE FÁBER, aleman de nacion, robando a su descanso y

G

al manejo de los negocios de una casa
grande de Comercio que le ha destruido la
guerra Napoleónica , cuantos ratos le de-
jaban libres sus dependencias, ha emplea-
do tan útil-mente sus ocios en el cultivo
de la Lengua y Literatura Española; que
ha obtenido el honor de ver su nombre
inscrito en la lista de los Académicos de
la Lengua, y de verse laureado como uno
de los mas peritos apreciadores de las Musas Españolas.

La *Floresta de Rimas antiguas Castellanas*
que publicó en Hamburgo el año de 1821,
acredita al Sr. Bohl del mas dilijente y pe-
rito de cuantos Colectores han publicado
Poësías Españolas dentro y fuera del reino.
D. Manuel José Quintana que goza comunmente en nuestros dias crédito del mejor
Colector, es fuerza confesemos en honor de la verdad que, aunque español, y
con los inmensos recursos literarios que
el tiempo y su larga estancia en la Corte
le proporcionaban, cuando las bibliotecas
estaban en flor ántes de la invasion francesa , ha usado tan desigual-mente de tan
buenas proporciones ; que su *Coleccion de
Poësías* es mui pobre y seca al lado de
la rica y florida del Aleman. Quintana
con todo su liláo, apénas ha pisado las fal-

das del Piado Español ; donde cojiendo las fáciles flores que se le han venido a la mano, ha formado un ramillete de los ramilletes hechos y manoseados por el Caballero LOPEZ-SEDANO y el Escolapío ESTALA.

La Floresta, como impresa fuera del reino, apénas sería conocida en España, si D· AGUSTIN DURAN, haciendo ménos favor al Sr· BOHL que al Público, no hubiese copiado una buena parte de ëlla (nó de Romances) en el *Romancero* que, hurtando la bendicion a un antiguo amigo suyo, publicó estos años pasados. Rarö ente nos ha salido el tal Durancillo : en otro número hablarémos mas de asiento de ëste hominicaco chisgaravís, o séase escarabajo literario de los que la corrupcion de las cortes cria entre la inmundicia de la lisonja y la servidumbre.

El Caballero. BOHL DE FÁBER, benemérito siempre de nuestras Camenas ⸱ ha querido última-mente rendir a .Talía el mismo obsequio que tenía prestado a las otras Musas : nuevo servicio a nuestra Literatura, con que se ha coronado de lauro, granjeándose mas y más la gratitud de los españoles amantes de la verdadera honra literaria de su patria.

El Teätro Español aparece desde luego como un astro brillante en los tiempos obscuros, en que tuvo su oriente. Nuevo, orijinal y característico, posée cual ninguno de los conocidos en el mundo, el don de suspender y regalar la fantasía. Un Caballero inglés (el célebre Bibliósofo R. Héber) asombro de erudicion, y tan aficionado a los Injenios de España, que por un *Romancero jeneral* tuvo la bizarría de pagar diez-mil reales; entusiástico admirador de nuestro Teätro me decía por los años de 1818 en Lóndres que no había parä él lectura tan sabrosa, como la de una Comedia antigua Española. «Hallo» (añadía) «en las Comedias Españolas un sabor tan nuevo y especial; que no se parece a nada de cuánto conozco de otras Literaturas:" (y no había literatura, que le fuese estraña).

Reflecsionando yo con esta ocasion sobre la causa de tan dulce embeleso, y sobre el arte y primor que en sí cifra esta creacion nueva de espíritu, con que los Españoles hemos regalado el gusto de los demas pueblos de Europa, he tendido el vuelo al discurso remontándome a las jenerales consideraciones siguentes sobre la esencia y fundamentos de la Teätrística. He habido de repróducir después estos principios de criterio con motivo de una cuestion

sobre Teätros se que suscitó entre algunos
curiosos: a saber « ¿Si los Antiguos desflo-
raron de tal manera los asuntos Dramáti-
cos; que no hayan dejado a los Modernos,
campo donde lozanear los buenos Injenios?»

Los recursos del humano injenio son
inmensos, como lö es la Naturaleza
fuente perenal de la verdad y de lo bello:

("*Lo vero e lo bello* una cosa son„

dijo en sus Trobas el famoso Infante D.
Pedro de Portugal.)

Toda accion figurada que se representa a los ojos del hombre racional, y sus-
pendiendo sus sentidos y potencias, le
recréa y embelesa, es buen argumento
para un Drama. Los sentidos empeñados
son los ojos y los oidos: los ojos ante
todo; por esto se dicen por ecscelencia
Espectáculos (de *spicere*, = mirar) las representaciones Dramáticas.

El oido se suspende con sonidos articulados, y con sonidos nó articulados.
En este segundo caso la májica de la
suspension está en los tonos: secreto que
ejerce en el hombre la Música en virtud
de cierta simpática correspondencia, que
la armonía y la melodía dicen allá en lo
íntimo del alma con las cuerdas del corazon. Este idioma patético de inspira-

cion y afecto nos hablan las modulacio-
nes de la voz humana y las de las voces
instrumentales. - Del otro lenguaje de ar-
ticulacion, característico de la especie humana, mas distinto, si no tan enérjico,
son órgano las palabras, enunciativas terminantes de nuestros pensamientos y afectos.

A los ojos hablan los objetos visibles
que presenta el grande espectáculo de
la Naturaleza en su juego continuo de accion y reäccion con el hombre: con el
hombre, sin cuya accion o pasion no
hai Drama. El hombre es el centro del
gran teätro del universo: tódo pues, en
la Naturaleza, real y figurada, es dramática-
mente por y para el hombre.

Esta jeneralidad de principios, que hace compatible con la racionalidad todo
jénero de Espectáculos, cortando la pe-
dantil c impertinente contienda entre Clásicos y Románticos, abraza, desde el
Entremes a la Trajedia, de la Pantomima
a la Zarzuela, de la Comedia Menandrina á
la de Capa y espada, de la Sentimental a la
de Tramoya etc· todo cuanto en las Tablas
puede causar deleite regalando el oido u la
vista con visualidades vistosas, como en
las Comedias de Apariencias, que llaman
de Májica; o con ecspresivos ademanes,

como en las escenas mudas del Baile pantomímico; o cautivando el corazon y el alma, como en las piezas de parlado; u el oido, vista y todo, como en la Ópera, bufa o seria.

En todos estos linajes de Espectáculo se retrata siempre al hombre, ya cual es, ya cual fué, y sobre tódo cual debe ser, para el aprovechamiento moral, fin último y primor mayor del Arte.

La pintura de solo el hombre ofrece mas variedades, que la de todas las criaturas vivientes del universo, segun es de indefinida la forma y manera de su vida y costumbres al tenor de los tiempos y de los climas diversos en que vive el hombre; y sobre tódo conforme al influjo de las opiniones y de las leyes de la Sociedad civil y doméstica, que le tienen en continua accion y pasion.

En efecto el hombre solo, en sí y por sí, presenta zifrado en su especie un estraño fenómeno moral, que parece contradictorio: la variedad en la mismedad. El hombre siempre es el mismo, y siempre es diferente. En los demas animales un individuo pinta la especie: su sistema físico, moral y político es siempre el mismo: la golondrina fabrica hoi su nido como le fabricaba la golondrina seis

mil años ha: el ruiseñor no ha añadido
un solo punto a la solfa que gorjéa con
su canoro pico: la decantada República
de las abejas se rije ahora por las mismas idénticas leyes, que se gobernaba en
los mas remotos siglos, sin diferencia
alguna de lugar, como ni de tiempo:
las mísmas son en Hibla, que en la Al-
carria.

Pero en el hombre no parece sino
que cada individuo constituye por sí especie aparte: e inducen tal variedad en
el sistema de sus acciones el influjo di-
verso del clima, del temperamento y la opinion, que se desemejan tánto únos de ótros
los individuos de la especie humana, cria-
dos en diferentes épocas y rejiones, como se diferencian entre sí las especies de
animales mas diversas y contrarias. Esto
está en la intrínseca naturaleza del hombre y la de los demas animales: ence-
rrados los brutos en un círculo estrecho
de necesidades que limita sus acciones
a sus precisos menesteres, y paralelas
siempre las necesidades con los medios
de satisfacerlas: y vagante el hombre en
una esfera ilimitada de necesidades físi-
cas y morales, que tiene potencia para
crearse, sin tenerla siempre para en-

contrar modos adecuados a su satisfaccion; - el hombre moral que retrata la
Comedia, es el cuadro de mas difícil y
complicada composicion.

Y aunque sea cierto que haya un número determinado de virtudes y de vicios capitales, hai tantos modos de ser
el hombre virtuõso y vicioso; y por otra
parte son tantas las acciones de medio
término entre la virtud y el vicio, en
que sin mérito ni demérito preciso en
lo moral, se peca no obstante por carta
de más o de ménos contra las Leyes del
Estilo (que digamos), o séanse los fueros del Derecho Consuetudinario del Bien-
parecer, a que nunca se falta sin incur-
rir cuando ménos en la nota de ridículo; y
este juego continuo de accion y reäccion en
el torbellino del mundo enjendra tales y
tan peregrinos casos de fortuna, piques y
despiques, empeños y marañas, cuyos
trances varios bastando para cautivar
nuestra curiosidad, dan asunto a Fábulas
dramáticas capaces de tenernos tan en-
tretenidos y suspensos :-que estos mismos
modos de ser el hombre bueno u malo con
tal jénero de virtud o de vicio, discreto
u necio con tal o tal linaje de discrecion
o necedad en dicho u en hecho, que

le baga ridículo u apreciable entre las
jentes, feliz o infelíz a nuestros ojos, abren
ya un vasto campo al injenio para fan-
tasear el retrato de cualquiera de las
vlrtudes o de los vicios capitales, y de
los aciertos y de las ecstravagancias humanas, con peregrina novedad. Novedad, sí:

   ,, Donde hay alma, nunca faltan
     Novedades que gustar ٭

dijo allá el gran LOPE DE VEGA. El injenio tódo lo hace nuevo: los injeniosos la-
bran oro: el oro nunca es viejo: el fuego
del injenio le funde en su crisol, de donde sale mas cendrado y refuljente.

La dificultad mayor, y lo que tambien
enjendra mas variedad en el arte de re-
medar en la Escena las acciones morales
(o digamos, pintar las costumbres) consiste a mi ver en el toque feliz de lo
real y de lo idëal, que forma el primor y esencia de las Artes de imitacion. Aun cuando el Teätro no retrata-
ra sino individuos, tendría ya harto en
que ejercitar variamente el pincel; segun son varios, a mas de los modos de
ser y parecer, los modos de ver de los
hombres.

Mas si a la imitacion de las realidades

combinadas que presentan cuadro hecho,
se añade el trabajo de composicion que re-
sulta de la combinacion de las formas
reales, recojidas de muchos entes físicos
en un sujeto idëal: ¡qué dificultad, y qué
variedad tambien tan prodijiosa! Ésta
es la que se ve vencida en el modelo
de la belleza idëal que ofrece a nuestra admiracion la Vénus de Florencia.
En este idéntico caso me figuro yo a todo Injenio dramático que compone para la
Escena cualquier cuadro del idëal del vicio u de la virtud etc. Yo no creo que
la culta Grecia (si griego es ese bello
portento de las Artes) produjese, o pudiese producir ese solo dechado de la
idëal belleza; porque si la perfecta es
úna sola, los caminos para buscarla y
encontrarla son innumerables; y esta in-
numerabilidad deja ilimitada-mente francos a los Injenios los horizontes de la crea-
dora fantasía.

Hai pues, mil y mil maneras de di-
bujar un propio vicio y una misma virtud. De consiguiente un retrato hecho
no escusa, ni imposibilita de hacer ótros
mil; los cuáles como que son de capri-
cho, y no tienen modelo fijo, real y
visible, admiten variedad inmensa, se-

gun la valentía o flojedad de los Injenios,
y los infinitos modos de aprehender y
figurarse real lo fantástico.

Por otra parte como el objeto del
Dramaturgo es dar a la apariencia vi-
sos de verdad para alcanzar la verosimi-
litud que llevando el alma a la creencia,
empeña el corazon en los pasos de la Comedia que retratan los casos varios de
la vida; es indispensable, no ya saber la
verdad sola-mente, sino hasta los errores
que campan por verdades entre los es-
pectadores; para abrirse por ellos camino a la persuasion: que hasta por tales
descaminos debe buscarse la ilusion teätral. Ni aun estos desvariados medios
deben ser estraños a quien aspire a cap-
tar aplausos en las Tablas: como ni debe
tampoco ignorarlos el Crítico que quiera
proceder a calificar el mérito respectivo
de las piezas Dramáticas de diferentes
pueblos y tiempos con averiguada informacion y principios de criterio:

Conforme ä esta doctrina, los fundamentos del gusto dramático son los mas
movedizos y arbitrarios; y el gusto literario en este punto es tan antojadizo y
vario, como el del paladar mismo: el
hombre es un animal de costumbre. El

hábito hace placer y aun necesidad de las cosas mas desabridas y chocantes; y en el Teätro y la cocina es donde mas triunfa el hábito y la costumbre. Una Trajedia de las que cuenta el Inca GARCI-LASO en sus *Comentarios del Perú* (1.ª parte, lib. 2.º) que se representaban con aplauso en la Corte del Cuzco, si se representase ahora en la de Madrid, dificilmente dejaría de hacer reir como un Entremes: y los platos mas regalados del palacio de sus Emperadores, estoi cierto de que nos revolverían de nausea las entrañas.

Acúerdome a este propósito de lo que se cuenta de Mad. DASIER, acérrima Grecizante y loca rematada por todo lo griego. Yo no sé qué Autores Griegos de Arte Culinaria hubo esta Clásica Dama de trastear; que tomando de aquí, y dejando de allí, hizo aderezar un cierto guisote a la griega para ciertos Concolegas de su caro esposo, (Grecomanos todos) aliñado de guisa; que los buenos Helenistas a despecho y pesar de su apetito rabioso a todo lo griego, no bien cataron aquel badulaque, cuando éste por acá, y aquél por acullä, hubieron tódos de revesar los entresijos.—

Es por lo tánto preciso para el triunfo
teätral consultar, ademas de los gustos
habituäles, hasta las creencias mas absur-
das; y así se deja bien discurrir que
Los Encantos de Medéa, y *Los Milagros de
S· Vicente* serán dos piezas tan verosími-
les para un Ateniense y para un Valencia-
no, como el suceso mas llano, real y
casero lö es para todo ente racional.

Pendiendo así el gusto en materias de
Teätro hasta de las preocupaciones y hábi-
tos mas chocantes de los pueblos, y siendo
tan dificultoso el sacar al vivo la propia estampa de los vicios, mañas y ri-
diculeces; el criterio en estas materias
es mui delicado. Y siendo tan infinitos
los medios de empeñar la atencion en
la Escena con lances y coloquios entre-
tenidos, que deleitan la discrecion, suspenden la curiosidad y afectan el corazon; -las galerías de lo representable no
tienen fin; y por consiguiente quedan de-
mostradas inapurables las minas del Po-
tosí Teätral, y los recursos del injenio
humano para beneficiarlas: que son las
basas del derecho en la cuestion presente. - Pasemos ahora al hecho.

¿Los Griegos y los Romanos sacaron
a la Escena todos los vicios, casos, car-

racteres y afectos que se prestan a la
representacion? -El hecho es que no. Si
no, dígaseme dónde está el tesoro encantado de esos sus Dramas que forman
la galería completa de las caricaturas ri-
sibles de los delirios humanos, los cua-
dros historiados o fantásticos de las pasiones heroicas, y las actitudes varias en
que el hombre, blánco de la atencion
del hombre, toca el rejistro de todos los
afectos del corazon, y apura los recursos del injenio. Múcho cierta-mente se
debe en este ramo a los Griegos, y nó
póco a los Romanos, nuestros primeros
mäestros; aunque de Romanos, y Griegos
en hecho de verdad son más los preceptos, que los buenos ejemplos que
han llegado hasta nosotrós. Aun en línea
de preceptos, la *Poética de Aristóteles* que
contiene múchos y mui sanos, no nós ha
llegado entera.

Algunos pedantes entusiastas, sin embargo, empeñados en persuadirnos que
el sentido-comun no está sino en Griego
y Latin, quieren hallarlo tódo en la
Literatura Griega y Romana; y ese ciego entusiasmo ha tenido muchos siglos
aherrojados los Injenios a la cadena de
los Escoliastas Helenistas y Latinizantes;

llegando a ecstremo tal, que hasta en las
ciencias de pura razon y ecsperiencia es-
clavizaron los talentos a la autoridad de
los Antiguos. Así por muchos síglos es-
tuvieron en las Escuelas citándose tecstos
de Aristóteles, Plinio y Eliano en puntos de Física e Historia-natural; como
en materias de Teolojía se citaban las
autoridades de los Padres de la Iglesia.
No parecía sino que la Naturaleza toda,
con todas las especies de animales cria-
dos había perecido en algun trastorno jeneral del globo terrestre, sin quedarnos
de ellos mas noticia, que la que nos
dejó Plinio y demas Naturalistas antiguos.

Cerróse desde entónces el gran libro
de la Naturaleza; y la del leon, verbi-gracia, se estudió, nó en el animal, sino en
el Naturalista; y así se estudió la de los
demas seres vivientes. Con tan prevari-
cado método de estudios, el de la Naturaleza se redujo a copia de copias, si ya
nó a cuento de cuentos.

En este cautiverio jemía la humana ra-
zón, cuando la bizarría española descubriendo nuevos mundos, ignorados del Sabio de Estajira y de su Escuela servil y perdurable, como encontrase un suelo nuevo,

con nuevas plantas, nuevas aves, reptiles y cuadrúpedos, cuya descripcion no se encuentra en los Antiguos, se aplicó (y obligó con su éjemplo a los Sabios de Europa) a estudiar la Naturaleza en la Naturaleza misma.

El estudio de la del hombre, y de los derechos y obligaciones que de ella emanan, se radicó entónces con el empeño de inquirir el verdadero constitutivo del sér de hómbres, que se disputaba a los del Nuevo-mundo. ¡Gloria eterna a España! A España es deudora la Europa y el universo mundo de las mas puras y sanas nociones del Derecho-natural, y del estudio (20 siglos olvidado!) de la Naturaleza.

Si los buenos Talentos de España sacudieron así el yugo de ARISTÓTELES y demas Clásicos Antiguos en materias de pura razon y ecsperiencia; sus gallardos Injenios, rompiendo al ímpetu de su ardiente fantasía las pihuelas de fútiles reglillas, y remontando el vuelo en alas del corazon, esentos y libres por las influencias del cielo y del suelo, se crearon un nuevo Teátro, padre de los que mas brillan hoi en Europa.

Este Teátro, orijinal como el carácter del pueblo que representa, brilla prin-

H

cipal-mente por los rasgos que mas distinguen el talento Español : su jenio e injenio resaltan en él: el jenio, labrado
al influjo del clima benigno de España,
y de los trances varios de la guerra de
siete siglos que le dejó por herencia un
Rei desastrado. Valiente, pundonoroso,
jeäl e ingenuo el Español es esencial-mente
caballeresco, es el Paladin de Europa por
ecscelencia. El temple particular de su
injenio, refinado con el roce de los Ara-
bes que se le ecsaltó mas y mas, está
bien reconocido, y en nada se echa mas
de ver, que en el Teätro.

Una circunstancia especial se nota desde luego en este. El Teätro Antiguo Español, a diferencia de los demas Teätros
de Europa, esencial-mente místicos,
propendía más a lo profano; y tanto,
que ya en el siglo XIII el Salomon de
España, nuestro Sabio Rei D· ALONSO se
vió precisado a llamarle con léyes a lo
divino, para correjir su espíritu nato de
profanidad.

En efecto, hablando en la Partida I,
tít· 6·º, lei 34, de las Farsas que entónces se usaban, y que ya de suyo debían de ser picantes, pues el nombre que las da, es el de *Juegos de es-*

carnio, inaplicable a las Representaciones sagradas, -prohibe a los Clérigos nó solo representarlas, sino hasta el asirtir a verlas representar: y designa a contraposicion de aquellas, que más entónces privaban, otras Representaciones piadiosas, mas dignas del carácter clerical. "*Pero* Representaciones *hay*" (dice) *que pueden los Clérigos facer, asi como de la* Nascencia de nuestro Señor Jesu-Cristo; *et otro-si de su* Aparescimiento *como le vinieron los Reyes ádorar; et de la* Resurreccion, *que demuestra cómo fué crucificado, et resurjió al tercero dia. Tales cosas como éstas*" (añade) "*que mueven a los hombres a facer bien et a haber* devocion *en la Fee, facerlas pueden.*"

A impulsos de su jenio, y con sujecion puntual a este precepto, compuso el injenioso JUAN DEL ENCINA las Representaciones místicas y profanas que se leen ya en su *Cancionero*, impreso la primera vez en Salamanca año de 1496, y la quinta y última en Zaragoza 1516.

Con ellas abre el Sr. BOHL su Teátro, reimprimiéndonos seis *Eglogas*, con los siguientes títulos:

1.ª *De la noche de Navidad,*

2.ª   *De la Pasion y muerte de nuestro Redentor,*
3.ª   *De la noche postrera de Carnal,*
4.ª   *Del Escudero tornado Pastor,*
5.ª   *De los Pastores vueltos Palaciegos,*
6.ª   *De las grandes lluvias.*

El título de *Eglogas* denota ya bien la propension de ENCINA á la pintura de la Naturaleza en las gratas escenas y placeres de la vida campestre; cuyos encantos retrata con tan májico pincel, como es de ver en la Egloga V, coloquio entre el Pastor Mingo y Jil, Ciudadano, que le pretende sacar de la vida del aldëa para la de la ciudad.

MINGO.—En punto estoy de lo hacer.
          Mas ¿cómo podré dejar
          Los praceres del aldëa?
          Desque en palacio me vëa,
          Luego olvidaré el luchar,
          Y el correr con el saltar,
          E no jugaré al cayado.
          E ¿qué será del ganado?
JIL.—   El se irá para el lugar.
          Segun tus fuerzas e mañas
          Y el esfuerzo que en ti está,
          Podrás aprender acá
          A justar, e a jugar cañas.

Minco.— Cata, Jil, que las mañana s
        En el campo hay gran frescor;
        E tiene muy gran sabor
        La sombra de las cabañas.
              Quien es duecho de dormir
        Con el ganado de noche,
        No crëas que no reproche
        El palaciego vivir.
        ¡Óh, qué gasajo es oïr
        El sonido de los grillos
        Y el tañer los caramillos!
        No hay quien lo pueda decir.
              Ya sabes qué gozo siente
        El Pastor muy caluroso
        En beber con gran reposo
        De bruzas agua en la fuente;
        O de la que va corriente
        Por el cascajal bullendo, (*)
        Que se va tóda riendo.
        ¡Óh, qué pracer tan valiente!
              Pues no te digo, verás,
        Las holganzas de las bodas!
        Y pues tú las sabes todas,
        No te quiero decir mas."
Esto es encantador: y verdadera-mente
que a su vista no se acierta a discurrir

(*) El orijinal dice *corriendo*.

dónde tenía su buen seso el docto FER-
NANDO DE HERRERA , cuando en sus *Anotaciones a* GARCI-LASO (páj· 255 se dejó decir hablando de Tántalo: "Tocó esta
fábula aquel Pöeta JUAN DE L' ENCINA con
la *rudeza* y poco ornamento, que se per-
mitía en su tiempo."

Y a otro propósito (páj· 437) " JUAN
«DE L' ENCINA siguió este mismo lugar en
«su Egloga V ; pero tan *bárbara* y *rùsti-
«ca-mente* , que ecedió a toda la *ino-
«rancia* de su tiempo." - HERRERA sí que
sin duda alguna ecscedió aquí todos los
límites de la moderacion. ¡Tánto ciega
el frenesí de la pasion aun a tos hombres
de mas sano juicio ! HERRERA le perdía en
acordándose de Salamanca, a resultas de
sus rencillas con el sabio SANCHEZ DE LAS
BROZAS sobre la primacía y ecscelencia de
sus Notas a GARCI-LASO. (" Riñen los to-
ros ; y mál para las ramas. ") De aquí
después la reñida competencia de la Escuela Sevillana con la Salamanquina. Pero esto pica en honda historia, que algun dia tratarémos en su lugar propio.

Como-quiera , las muestras elegantes
que D· JUAN NICOLAS nos presenta de la
pluma de JUAN DEL ENCINA , desmienten

los hipérbolos de la *rudeza bárbara* que le
imputa el culto Sevillano : y aun los de-
mostrarían mas a las claras, si juntas con
ésas hubiera el Editor impreso otras piezas que debe de no haber alcanzado a
ver , porque nó tódas se leen en la impresion que ha manejado ; y aun algúna
en impresion ninguna de las que cita de
su *Cancionero:* tál es la *Farsa de Plácido
y Victoriano,* que se estampó aparte. JUAN
DE VALDES, sagaz Crítico de aquel tiempo , la celebra en su *Diálogo de las Lenguas* (páj' 149) por la mejor de todas
las obras de J· DEL ENCINA: «Lo que
me contenta más" (dice) " es la *Farsa
de Plácido* y *Victoriano,* que compuso eu
Roma."

· En la edicion del *Cancionero de* ENCI-
NA, hecha a vista del Autor en Salamanca el año de 1509 por HANS GYSSER, aleman de Silgenstat , se leen otras piezas
Dramáticas , de las cuáles dós al ménos
hubiéramos querido que el Sr BOHL
hubiese reimpreso : lä úna , porque su
popularidad ha llegado a hacerla proverbial para significar en Castellano una
cósa muy antigua: *El Auto del Repelon.*

Lä otra pieza, aunque en la portada
del *Cancionero* se titula *Coplas de Fileno*

y *Zambardo*, es un Drama mui bien sentido (*sentimental*, que digamos). El título no muda su naturaleza: *Coplas de Mingo Revulgo* se llama tambien una Farsa picante de aquel tiempo, cuyo verdadero Autor (sin duda por la naturaleza de lä obra) no ha podido de fijo averiguarse: ella ës una sátira contra el Gobierno de Henrique IV. DON NICOLAS ANTONIO que se la pretende adjudicar a JUAN DE MENA,—por no haber consultado los tiempos, no acertó a concordar los derechos. MENA no ecsistía ya años ántes de que empezaran a ecsistir los desórdenes del reinado que se satiriza en el *Mingo Revulgo*.

El Mäestro SARMIENTO atribuye esta Farsa á HERNANDO DE PULGAR: ótros se la prohijan al injenioso toledano RODRIGO COTA; y yo me inclino más a crer que sea de ALONSO DE PALENCIA, Cronista de los desconciertos de aquel Rei infeliz, a quien zahiere crudamente; ya fuese por zelo de buen Repúblico, ya por paniaguado de Pacheco, jurado enemigo del Monarca reinante. Al mismo PALENCIA se atribuyen las *Coplas del Provincial*, sátira libre y verde, digna de la pluma del ARETINO, en que se cuenta la Crónica escandalosa de aquella Corte.

No son de las piezas Dramáticas que el Sr. Bohl no ha alcanzado a ver de J. del Encina, esas dós las únicas que hubiéramos querido ver reimpresas en la Coleccion. Ótra hai que por breve y linda estamparémos aquí con título de *Triunfo de Amor,* que es el que mejor le cuadra: su Autor no la puso ninguno. El gusto verdaderamente ático con que está escrita, desmiente la voluntaria imputacion de *rudeza* y *barbarie* que el relamido Herrera hizo a nuestro naturalísimo cuanto elegante e injenioso Salamanquino.

A las Farsas del Castellano Juan dél Encina se siguen en la Coleccion del Sr. Bohl las del Portugues Jil Vicente. Salto mortal nos parece este. ¿A qué ir tan léjos? Sin salir de casa, en la misma Salamanca, coétaneo y alumno de J. del Encina tenía el Sr. D. Juan Nicolas otro Injenio Dramático, que nada tiene que envidiar al Lusitano. En gracia de los curiosos, y para noticia del Sr. Bohl mismo, que segura-mente no será el que ménos las aprecie, adelantarémos aquí algúnas a la mas ecstensa de la vida y obras de este Escritor ya entera-mente desconocido, que nos esrer vamos para la *Histo-*

ria crítica del *Injenio Español*. (MORATIN no alcanzó la mas leve noticia del Autor, ni de sus escritos.)

Su nombre es LÚCAS FERNANDEZ: su pátria Salamanca, donde publicó un tomo de Farsas, quando mas florecía ENCINA, el año de 1514: en folio, letra gótica, fróntis, con estampas: su título:

"¶Farsas y Eglogas *al modo y estilo pastoríl y castellano, fechas por* LÚCAS FERNANDEZ *salmantino, nueva-mente impresas.* ,,

Al fin lleva este membrete:

"*Fué impresa la presente obra en Salamanca por el muy honrado varon* LORENZO DE LION DEDEI, *a diez dias del mes de noviembre de* 1514 *años.*»

El frontispicio figura en lö alto un S· Francisco arrodillado, recibiendo los estigmas de las llágas de un Crucifijo que está en el aire. A un lado del Santo está acurrucado un Lego como durmiendo: esto me retrae al Hermano Frai Antolin de *El Diablo Predicador.*

Las Farsas son seis; trés a lo divino, las ótras a lo humano: las humanas van delante; y las más a estilo de aquel tiempo, son jarras sin asa; quiero decir, que no tienen título. Sus encabezamientos son

1.ª— « *Comedia* hecha por L· Fernandez en lenguaje y estilo pastoril: en la cuál se introducen dos Pastores y dos Pastoras y un Viejo; los cuáles son llamados *Bras-Jil*, y *Berenguella*, y *Miguel-Turra* y *Olalla*; y el Viejo es llamado *Juan-Benito*.»

2.ª— « *Farsa* o cuasi *Comedia*, fecha por L· Fernandez; en la cuál se introducen tres personas; conviene a saber, una *Doncella*, y un *Pastor*, y un *Caballero*, cuyos nombres ignoramos.

3.ª— « *Farsa* o cuasi *Comedia*, fecha por L· Fernandez, en la cuál se introducen cuatro personas: conviene a saber, dos pastores(*Prábos y Pascual*) e un *Soldado*, e una Pastora» (*Antona*).

4.ª— « *Egloga* o *Farsa* del *Nacimiento de Jesu-Cristo*, fecha por L· Fernandez, en la cuál se introducen tres Pastores y un Hermitaño, los cuáles son llamados *Bonifacio, Jil, Marcelo*; y el Hermitáño *Macario*.»

5.ª— " *Auto* o *Farsa* del *Nascimiento* de *N· S·*, hecha por L· Fernandez: en la cuál se entroducen cuatro Pastores, llamados *Pascual Lloreinte*, y *Juan*, y *Pedro-Picado*.

6.ª-- "*Auto de la Pasion*, fecho por Lúcas Fernandez.

(Sic)« *Representacion* de la *Pasion de nuestro Redemptor* J· C·, compuesta por L· Fernandez: en la cuál se entroducen las personas siguientes, *Sant Pedro, e Sant-Dionisio, e Sant-Matéo, e Jeremías, e las tres Marías.*"

Es de advertir que aunque el título y argumento de algunas de estas piezas sea piadoso, en su fondo suelen encontrarse algunos pasos que tienen ménos de pios, que de picantes y picarescos; circunstancia que no será tal vez la que ménos haya hecho raras estas composiciones, comolo son otras múchas antiguas por el mismo estilo; de las cuáles no nos queda ya mas memoria , que la tiznada que dejan las tablillas negras de los Indices Ecspurgatorios de la Inquisicion. Nuestro Teätro era mui libre, tanto en lo tocante a lo temporal, como a lo eterno. Ejemplo: en la primera de las piezas de devocion del *Nacimiento de Jesu-Cristo* se pinta una Beäta pindonga con sus puntas y collar de Hechicera, y un Santucho embelequero, en estos términos terminantes:

La Bruja.

BONIFACIO, *Zagal.*   JIL, *Zagal.*

Bon.—
Yo soy hijo del Herrero
De Rubiales,
Y nieto del Meseguero.
Prábos, Pascual y el Gaytero
Son mis deudos caronales.
Y aun es mi madre-señora
La Hermitaña de Sant-Bricio.

Jil.—
Ésä es gran embaidora,
Gran D'iabro, Encantadora.

Bon.—
Mujer es de gran bullicio.

Jil.—
Medio Bruja asmo que ës:
Y aun, a osadas,
Que si buscarla querrés,
Cadalnoche la topés
Por esas encrucijadas.
Una vez entré en su hermita,
Y porque llegué a un tabaque;
Corrió la vieja maldita,
Por me azotar muy afrita.
Por huïr, le solté un traque.—
(Dime, dí ¿ es caso del Papa
Este pecado?
Que allá me quedó la capa.

Bon.— De pecado no se escapa,
    Si se te soltó en sagrado.)

Jil.—   ¡Qué ojos tiene tan ñublosos!
    Manantïales de vino,
    Muy vermejos, pitañosos,
    Lamparosos, lagañosos:
    Siempre le lloran contino:
    Pichel, jarro o canjilon
    Qu' ella toma,
    Con muy sancta devocion
    Le pega tal suspiron,
    Que no le deja carcoma.

Bon.—   Sabe legar, deslegar;
    Hace cien-mil bebedizos
    Para bienquerencias dar.
    Tambien sabe en cerco entrar:
    Sabe de agüero y de hechizos:
    Sabe de ojo y aun de estrella,
    Y es Devina.
    Grolia habrás de conocella.

Jil.—   ¡Cuán gran puta vieja es ella!
    Peör es que Zelestina.

Bon.—   Sabe hacer bollo-maimon,
    Y hacer abondo zahumerios
    De las barbas del Cabron.
    Topar l' hás hecha vision
    De noche en los cementerios.
    Tiene soga de ahorcado,
    Y de sus dientes:

Las burras ha encomendado,
Y de los lobos librado.

Jil.   ¡Ah, ruyn seas tú y tus parientes!

El Santero Macario,

(o *El Santo-Macarro*)

INTERLOCUTORES:

Jil, *Zagal.* Bonifacio, *Zagal.* Macario,
Hermitaño.

Jil.— ¿Quién soys, que a tal hora andays?
Mac·— Hermitaño en Sant-Jines
      Só yo.
Jil.—   Pues ¿cómo os llamays?
Mac·—Macario.
Jil.   Y ¿dó caminays?
     Cuydo que trampa trahés.
Mac·— Cierto, nó.
Jil·—   Gran famulario
     Debeys de ser.
     ¿Rezays 'n-ese Calendario?
     ¿Soys bisodia, o soys almario?
Bon·— Màs Sant-Hilario, a mi ver?
Mac·— No querays así häblar,
     Pastorcicos mal-criados.

Jil.—   ¿ Andays a torrezneär,
          O quizá a gallofeär,
          Por aquestos despoblados?
          ¿Soys Echa-cuervo, o Buldero
          De Cruzada?

Mac·—   No hablés ansí, compañero.

Jil.—   Bien semejás Costumero
          En vuestra obra mesurada.
          (*) Dime ¿ es éste Fray Zorron,
          El que andaba esotros dïas
          Con muy sancta devocion
          Para la Composicion
          Desplumando Cofradïas?
          ¿Vá a ganar el sant-perdon?
          ¿Qu' es Fra-Ejidio? –
          ¡Óh! do al Dïabro el bordion,
          Moxquilon, e macandon! –
          ¿Recaldays vós el Susidio?
          Más quizás qu' es 'l Escolar
          Que echó el ñubrado y pedrisco
          Antaño en nuestro Lugar?

Mac·—   No me querráys ultrajar.

Bon·—   ¡Mia fe! tódo fué abarrisco.

Jil.—   Vós soys *Pedro de Urdimalas,*
          O Matigüelo.?

Mac.—   ¡Óh Pastor, cómo te igualas!

Bon.—   Llega; démosle sin duelo."

_____

(*) *A Bonifacio.*

Ultima-mente, para que pueda formarse cabal concepto del injenio del Salmantino FERNANDEZ, ofrecerémos a la
curiosidad de los lectores toda entera
una de sus Farsas: y sea ésta la segunda de su Coleccion, como el cuadro de
costumbres mas característico de los
tiempos en que el Autor vivía. La prosa
y la pöesía de la vida aparecen en ella
haciendo cómico contraste entre las ena-
moradas ansias y esquisita fineza de una
Dama andante que, sola y señera, busca
por prados y selvas a cierto galan Caballero

« De los que dicen las jentes
Que a sus aventuras van ;»

y las patochadas de un Pastor lanudo
que, encontrándola a dicha, se pone a
enamorarla en seco. Todo esto de abur-
rir la cándida paloma el nido casero, y
al pío-pío de su pichon amante alzar el
vuelo e irse por esos mundos de Dios, ya
se ve que es mui *romántico* (que digamos)
y mui caballeresco y todo. — Entre-tanto,
volvamos nosotros a nuestro Portugues,
a quien (por cortesía) no disputarémos el
paso que el Sr· BOHL le cede, con prece-
dencia a nuestro ilustre Estremeño TORRES-
NAHARRO, que debia irle en tódo delante.

I

Jil Vicente, padre del Teätro Lusitano, fué contemporaneo e imitador (a veces servil) de nuestro J· del Encina: a
quien sobrevivió como unos 30 años,
que le fueron bien contados en la per-
feccion del Arte Escénica. Murió el año
de 1557 en la ciudad de Évora, donde
está enterrado en el convento de S·
Francisco, con un epitafio que dice Bar-
bosa que se dejó compuesto él mismo:
muerte prevenida en verdad para su
buena memoria !

Fué compositor fecundo. Su Talía fué
bilingüe, honrando con sus composiciones nó ménos nuestra lengua, que la suya propia: pero aunque Jil-Vicente por
lo comun corta bien la Castellana, no
deja a las veces de chapurrarla con lu-
sismos, tanto mas incorrejibles en el tecsto, cuanto suelen recaer en pronuncia-
ciones fijas por la lei del metro. Así en
el *Auto de los Reyes Magos* (páj·55)
por decir *Reyes, greyes,* dice *Reis* y *greis*
haciéndolos forzada-mente consonar con
sabréis y quereis.

Otras veces salpica la frase Española
con voces de inflecsion o de naturaleza
idiotea Lusitana: por-ejemplo, en la
Comedia del Viudo (páj·87) dice Rosbel:

"Quiero llevar el ganado
A ûnos valles sombríos
Y *tristoños*,
Donde se härte el cuytado
Dê oîr los gritos mios
Muy *medoños*.»

Creemos precisas estas advertencias en obsequio de los ménos versados en el Dialecto Portugues; porque como en jeneral habla corriente JIL el Castellano, pudieran persuadirse que son voces anticuadas Españolas las que son estrañas, si disimulables siempre en un estranjero que honró nuestra lengua haciendo hablar en ella las gracias Portuguesas.

A estos lunares de la diccion de JIL VICENTE se agregan otros borrones que ha dejado el molde caer en sus Obras; las cuáles impresas mui incorrecta-mente en Lisbóa el año de 1562 por Juan Álvares, aunque en la reimpresion que hizo en 586 Andres Lobato, salieron mas correjidas; nó tanto, que no reclamen otra impresion mas castigada, que ignoramos si ha llegado a hacerse. (Së habla tambien de una edicion, que no hemos alcanzado a ver, hecha por su hijo Luis el año de 1557.)

A propósito de correccion, no pode-

mos ménos de aplaudir el empeño de
nuestro Académico Bohl, hasta donde
han alcanzado sus fuerzas, por que el
tecsto de la reimpresion de las piezas
que publica, salga de lo mas esmerado.

Las muestras que nos da del buen injenio del Menandro Portugues, son: los *Au-
tos del Nacimiento*, de *Los Reyes Magos*, *de
Casandra*, *y de Los cuatro tiempos*, una escena de *Rubena*, un paso de *El Triunfo del
Invierno*, y ótro de *Los Físicos*.

Llegamos al mayor Injenio, en nuestra
opinion, que ofrecen los principios del Teā-
tro Español, el primero que tendió el vuelo a las mas altas rejiones de nuestra Talía,
embelesando el alma con bien trazadas in-
venciones que suspenden la fantasía y cau-
tivan el corazon, empeñando de lance en
lance la curiosidad con bien urdidas tra-
mas desde la primera escena hasta el total
desenlace del druma. Hablo del injenioso
Bartolomé de Torres Naharro, de quien
su conterraneo el zafreño Cristóval de
Mesa (que en sentir de Cervántes no peca-
ba nada de adulador) encareciendo su sen-
tencioso decir, dice:

«Que jamas escribió razon vacía.»

Imprimiéronse la primera vez las Co-

medias de TORRES NAHARRO en Nápoles
el año de 1517: MORATIN nos habla en
sus *Oríjenes del Teâtro Español* de otra
«rarísima edicion de Roma» del mismo
año, de que dice le regaló un ejemplar
el Sr· JOVE-LLÁNOS, a quien se miente +
mui agradecido por la fineza. Mejor hubiera sido mostrársele agradecido por
las muchas luces que debió a sus MS·
inéditos, que nos consta disfrutó por
mano de su amigo CONDE; que osten-
tarse reconocido a un favor imposible.
El hecho de la verdad es que no hai
tal impresion de Roma, ni aun pudo
haberla en rigor crítico. (D· LEÁNDRO
FERNANDEZ DE MORATIN vale mas por el
donaire y elegancia de su pluma, que
por el fondo de su saber y doctrina).
El Sr· BOHL hace enumeracion de las
impresiones subsiguientes a la de Nápoles, que es la príncipe sin duda alguna.

A vuelta de sus Comedias, publica-
das con titulo de *Propaladia* (═Estrenas
de injenio) imprimió TORRES - NAHARRO
algunas Poësías sueltas, entre ellas una
Sátira atroz contra la Corte Romana,
la cuál cierta-mente, por mas que lo a-
segure el Abate MORATIN, no se estam-
paria en Roma; pues que una mera imi-

[manuscrito ilegible]

tacion de ëlla con título de *Memorial al Rei*, donde se rasguñaba la Corte de Felipe IV, la cual empieza:

«Católica, Sacra, Rëal Majestad....»

que no corrió por Madrid de molde, sino de mano, con solo sospecharse que era de QUEVEDO, fué bastante a tener casi toda su vida condenado a prision y cadena a este Job infeliz de los Poëtas de España.

Copiarémos aquí algunas pinceladas de la pintura que hace el Satírico Estremeño de la Corte de Roma; de la cuál dice que

«Su gloria es el mundo: su Diós el dinero.
Tras éste envejecen los hombres en Roma,
Despues que entre manos codicia los toma.
Despenden diez años tras un beneficio;
Despues que lo tienen, ternán por oficio
Perder otros tántos tras un Cardenal.
El bueno y el malo con el comunal
Se piensa ser digno de gran obispado.
Despues que lo tienen, con nuevo cuydado,
Mejor que primero los vemos servir,
Y muertos de hambre crepar y morir
Tras el Cardenal, do quier que cabalga:
Después en la plaza esperando a que salga,
Aun que el Consistorio durase año y dia,
Con ansia terrible, con gran fantasia,
Con ciego apetito de ser Cardenales.
Despues que lo son, los pños papales
Les ponen gran gula, con que se aperrëan.
Y no puede ser que tódos lo sëan;
Ni veys quien con serlo esté muy contento.
De nuevo les viene mayor pensamiento,
Fatiga y afan sin cabo, sin suelo.
No hay hombre de nós, que piense en el Cielo;

Ni quien haga caso del siglo futuro.
El mal va por bien, el ayre por muro;
Lo negro por blanco, lo turbio por claro;
Virtud por estiércol, maldad por reparo;
Lo sucio por limpio, lo torpo por bueno;
La sciencia por paja, doctrina por heno:
Justicia en olvido, razon desterrada:
Verdad ya en el mundo no halla posada:
La fe es fallecida, y amor es ya muerto:
Derecho está mudo, reynando lo tuerto.
Pues ¡ la caridad !-no hay della memoria;
Ni hay otra esperanza, si de vana gloria:
Ni en ótro se entiende, sino en trampeär.
Quien sabe mentir, sabrá triunfar:
Quien use bondad, la cuelgue del cuello:
Quien fuere el que debe, que muera por ello.-
Quien no me creyere, que tál sea dél.
Al ménos me deben la tinta y papel.»

Las comedias de TORRES-NAHARRO que nos regala el Caballero BOHL, reimpresas con primor y elegancia, son la *Himenéa*, la *Jacinta*, *Calamita* y *Aquilana*.- Aëllas remitimos a nuestros lectores, en la persuasion firme de que la mas ruda de las razones que el Autor pone en boca de sus interlocutores (marabillosas verdadera-mente, atendidos los tiempos y la novedad de sus inventivas) dará mas ventajada idéade su injenio; que todo cuanto pudiéramos aquí decir ensu elojio.

Corona por ahora la öbra, que el Sr. BOHL deja con adarajas para su continuacion, el donoso LOPE DE RUEDA con sus cuatro *Comedias Enfemia, Armelina, Los*

engañados y *Medora;* a que se siguen algunos Pasos de los *Coloquios* de *Timbria*
y de *Camila;* con que se cierra con llave de oro este tomo 1·º del *Teatro anterior a Lope de Vega.*

El nombre de Lope de Rueda se ha hecho
ya entre los aficionados a la Cómica Española equivalente al de jovialidad, gracejo y
donaire cómico; de suerte que basta decir Lope de Rueda, para regocijarse el alma: su nombre es su elojio.

Todas estas composiciones de Rueda
están en prosa; pero prosa corriente,
fácil y sobrosísima, sazonada con el sai-
nete y picante especería de frases, ada-
jios y modismos castizos castellanos, que
hacían tan rico el lenguaje de aquel tiempo dichoso; cuanto es pobre y des-
lavado el de estos infelices tiempos nuestros. Mas no por esto se crea que a
Lope de Rueda se le resistieron los versos. Cervántes, tejiendo la historia de
la Comedia Española en el prólogo de
las suyas, dice que se « acordaba de
« haber visto representar al *gran* Lope de
« Rueda, varon insigne en la representa-
« cion y en el entendimiento... Fué ad-
« mirable «(añade)» en la *Poësía* pasto-
« ril; y en este modo, ni entónces ni des-

« pues acá ninguno le ha llevado ventaja:
«y aunque por ser muchacho yo en-
« tónces, no podía hacer juicio firme de
« la bondad de sus *versos*; por algúnos
« que me quedaron en la memoria, vistos
« agora en la edad madura que tengo,
« hallo ser verdad lo que he dicho. »

Feliz retentiva debía de tener CERVÁN-
TES, pues que muchos años despues, yá
hombre hecho, cautivo en África, en la
Comedia de *Los Baños de Arjel* (jorn.
3.ª) tratando allí sus concautivos de representar una Comedia para solazarse,
como elijiesen por mas breve y ménos
aparatoso un *Coloquio pastoril* en verso
de L. DE RUEDA, pone en boca de un
cautivo unos 35 *versos*: los cuáles,
por mas señas, nos dejan harto deseósos
de los demas del Coloquio, cuya representacion quedó en ensayo.

A éste propósito dice CERVÁNTES, al
empezar la fiesta, en labios de

OSORIO.— El *Coloquio* se comienza
Que es del *gran* LOPE DE RUEDA,
Impreso por Timoneda,
Que en vejez al tiempo vence.
No pude hallar otra cosa
Que poder representar
Mas breve; y sé que ha de dar
Gusto; por ser muy curiosa
Su manera de decir
En el pastoril lenguaje."

Pero ¿qué es de este *Coloquio?* Auu
con estas señas mortales, y la circunstancia de haber sido impreso por el
Editor nato de las demas Obras del
gran RUEDA; no encontramos rastro de
él. Éste y ótros han habido de perderse:
el único de sus Coloquios en verso que
he alcanzado yo a ver, es el de las *Prendas de Amor* impreso en

« El Deleitoso, en el cual se contienen muchos Pasos graciosos del ecscelente Póeta y
gracioso Representante LOPE DE RUEDA , para
poner en principios y entre-medias de Coloquios y Comedias; recopilados por J. Timoneda.—Con licencia impreso en la muy noble
y muy leál ciudad de Logroño por Mattas
Marés año de 1588. » En 8·º

Y aun *El Deleitoso* es tan raro ya, que
el Sr· BOHL DE FÁBER, dilijentisimo rebus-
cador de nuestras antiguallas, y hombre
que no repara en precios, cuando se trata de pagar lo raro, confiesa con su inje-
nuidad verdadera-mente jermánica que
«ninguna dilijencia le ha bastado para
«adquirir los Pasos cómicos del mismo
«Autor bajo el título de *El Deleitoso.»*-Mas
por fortuna podemos briudar a este Caballero el gusto, y satisfacer su antojo en
este punto con una copia íntegra y tecs-
tuäl de este Coloquio: por los demas que
nos faltan de tan feliz Injenio , lloremos
todos.

A propósito de estos desenfados de los cautivos de Arjel representando Comedias, es curioso un caso ocurrido allí por los años de 1589; es decir, en vida y a raiz del cautiverio de CERVÁNTES. Léese en un MS. orijinal de la preciosa Biblioteca que el Sr. Infante D. Luis de Borbon tenía en su Palacio de Arénas: su título:

"*Cautiverio y trabajos de* DIEGO GALAN, *natural de Consuegra, y vecino de Toledo.*" MS. en 4.º (*)

El Sr. BOHL nos dice que ha tenido presente para esta reimpresion de las Comedias del Sevillano LOPE, «la *sola* impresion que se conoce dë ellas, de Sevilla, 1576»; y queremos que el Sr. D. JUAN-NICOLAS perdonándonos la evidencia, crea con nosotros que ésa que cita de Sevilla, ni es la única, ni es la primea edicion támpoco. Hai ótra anterior, hecha en Valencia por J. DE TIMONEDA diez años ántes; la cuál ademas del retrato duplicado de LOPE (al frente de los Coloquios y de las Comedias) lleva al fin dë éstas la suscripcion siguiente:

(*) *Véase a continuacion el* Apéndize.

«Impresas en Valencia, en casa de Joaquin
Mey a la Plaza de la Yerba año 1567.—Vén-
dese en casa de Joan Timonada.»

He perdido de esta edicion el mas
hermoso ejemplar que se conocía en esta Corte; el cuál con una coleccion de
sobre 50 piezas escojidas para un *Tëa-*
tro antiguo Español, que hube de publicar en Lóndres por los años de 1818,
perdí en Sevilla en el tan fatal por tantos títulos para mí y para mi triste Patria, año de 1823.

Malograda aquella mi primera empresa, que quise me ayudase a conllevar el
fino Filólogo D· ANDRES BELLO (Caraque-
ño), a quien franqueé mis planes; es
para mí de suma satisfaccion el ver tan
bien lograda la de mi buen amigo el Sr·
D· JUAN-NICOLAS BOHL DE FÁBER.

B· J· GALLARDO.

APÉNDIZE.

BAÑOS DE ARJEL.

«Trajedia que sucedió a unos cautivos, estando el Autor alli»

'En el Baño del Bajá, que es a donde están recojidos los más cautivos que hai en la ciudad, a donde estaban al presente (año de 1589?)' 555 que tenía mï amo'' (Arrahut Mamí, renegado alranés), «y se juntan ótros muchos de particulares, de diversas naciones y provincias...; sucedió que los Italianos, por aliviar sus penas, hicieron una *Comedia* de *Santa Catalina de Sena*, con la cuál se entretuvieron una tarde.

Los Españoles, visto que los Italianos se habían holgado con la Farsa..., ordenaron de hacer otra *Comedia* de *La toma de Granada*, repartiendo a cada uno papel segun su sujeto: y despues de estudiada, (trataron de representarla con)'' apariencias y armas como de pobres cautivos; porque tenían morriones y petos de papel, espadas de palo, y a este modo todos los demas peltrechos de guerra.

Y la persona que había de hacer el papel del Rei D· Fernando, no contenta con armas

de papel... intentó, a un Capitan Inglés que
a aquella sazon estaba en el puerto de Arjel
(que entran allí de paz los Ingleses), con
una industria que buscó, pedille prestado un peto, espaldar, morrion y espada:
para lo cuál se valió del favor del Dr·
Johan Blanco, natural de Orihuela, que
tambien estaba cautivo: el cual Doctor
tenía estrecha amistad con el Capitan Inglés, que se llamaba Johan Túton, y le
había hecho buenos servicios en Sevilla;
pidiéndole un billete para el Inglés diciendo que porque los cautivos se querían holgar haciendo una Representacion,
le hiciese favor de prestalle las armas
referidas.

Con este billete bajaron al muelle dos
cautivos, y en el esquife pasaron al navío Inglés, y dieron el billete, sin advertir que estaban merendando con el
Capitan dos Turcos... Y habiendo leido el billete, les dijo de palabra...
"Digan Vuesas-mercedes al Sr· Dr· Johan
Blanco que le beso las manos, y que en
tierra ajena no puedo prestar mis armas.,
Por la cual respuesta maliciaron los Turcos...que los cautivos se querían alzar con
la ciudad, pues iban a pedir armas al
Inglés. Y sin detenerse un punto, salieron del navío, entrando por la ciudad
dando voces: "¡Al arma, al arma! que
los cautivos se quieren alzar con Arjel.»

Y en un instante se movió tanta confusion y alboroto contra los pobres cautivos; que parecía haber llegado nuestro fin: porque los Jenízaros y jente comun, que no tenían esclavos, a diestro y a siniestro mataron a algunos que toparon por las calles seguros «(ajenos),, de tal fracaso. Y mataran mas; si los dueños no los escondieran, como hacienda suya, hasta saber la ocasion de tal rigor.

Luego cojieron a los que habían llevado el billete; y dándoles tormento, confesaron, que para hacer una Comedia, con órden del Dr· Johan Blanco habían ido al navío, y pedido al Inglés las armas referidas.

Vista la confesion por el Bajá mandó traher a su presencia al Dr· Johan Blanco; y así como le vió, dijo: "Perro, si no dices la verdad, te tengo de hacer pedazos a tormentos.,, Y aunque confesó lo propio que los demas, le dieron crueles tormentos.

Visto lo cuál por el pobre Doctor y que padecía sin culpa, dijo al Bajá: « Para que tu Alteza se desengañe, haga traher los petos, morriones, espadas y broqueles; que tódo es de palo y papel, que estaban apercebidos para la Comedia; y echará de ver como no hay malicia. »

Y al punto mandó el Bajá que fuesen

por ella; y traido a su presencia, parece que mostró algun jénero de desengaño.

Mas era tanta la turba de la jente bárbara que daba voces diciendo «¡mueran tódos!»; que el Bajá no pudiendo resistir la bárbara fuerza del vulgacho, les entregó a seis de los Comediantes, para que hiciesen en ellos su gusto, reservando al Dr· Johan Blanco, porque estaba concertado su rescate en tres-mil ducados, cantidad que le valió la vida.

Luego el pueblo bárbaro se entregó de los infelices cautivos, esecutando en ellos mas tormentos y crueldades, que se cuentan de Diocleciano, Emperador de Roma: pues arrastraron ä uno, atado a las colas de cuatro caballos; ä ótro empalaron; a dós ahorcaron a la Puerta de Babazon; y a los otros dós quebrantaron los huesos con mazos de hierro a la Puerta de Babalbit.

Y estos dos últimos eran andaluzes, y se llamaba el uno *Alonso de Vera*, hombre muy gracioso; y el ótro *Johan de Buendia*: los cuáles habían salido juntos de España, y los cautivaron juntos, y eran de un propio amo, que se llamaba Chafort, Jenoves renegado: y habían remado juntos, y juntos fueron a gozar de Dios.

Cautiverio y trabajos de Diego Galan, *natural de Consuegra, y vecino de Toledo.* lib. 4.°, cap· 3.°

El Criticon,

Núm. 5.

EL TRIUNFO DE AMOR,

«*Representacion*

:POR JUAN DEL ENCINA
*ante el muy esclarescido e muy ilustre Príncipe
D· Juan* » *en Salamanca, año de* 1496.

INTERLOCUTORES:

AMOR,
PELAYO, BRAS, JUANILLO, *Zagales,*
ESCUDERO.

ESCENA PRIMÉRA:

AMOR, *solo.*

AMOR.— Ninguno tenga osadia
   De tomar fuerzas comigo,

Si no quiere estar consigo
Cada dïa
En revuelta y en porfia.
¿Quién podrá de mi poder
Defender
Su libertad y albedrïo;
Pues puede mi poderïo
Herir, matar e prender?

Prende mi yerba do llega,
Y en llegando al corazon,
La vista de la razon
Luego ciega.
Mi guerra nunca sosiega :
Mis artes, fuerzas e mañas
E mis sañas,
Mis bravezas, mis enojos,
Cuando encaran a los ojos,
Luego enclavan las entrañas.

Mis saëtas lastimeras
Hacen siempre tiros francos,
En los hitos y en los bláncos
Muy certeras,
Mny penosas, muy lijeras.
Soy muy certero en tirar,
Y en volár
Mas que nadie nunca fué.
Aficion, querer e fe
Ponerlo puedo e quitar.

Yo pongo e quito esperanza,

Yo quito e pongo cadena,
Yo doy gloria, yo doy pena
Sin holganza;
Yó firmeza, yó mudanza,
Yó deleytes e tristuras,
E amarguras,
Sospechas, zelos, rezelos:
Yó consuelo, desconsuelos,
Yó ventura, desventuras.

Doy dichosa e triste suerte,
Doy trabajo e doy descanso.
Yo soy fiero, yo soy manso,
Yo soy fuerte:
Yo doy vida, yo doy muerte;
E cevo los corazones
De pasiones,
De sospiros e cuydados.
Yo sostengo los penados
Esperando galardones.

Hago de mis serviciales
Los groseros ser polídos,
Los polídos mas lucidos
Y especiales;
Los escásos liberales:
Hago de los aldeános
Cortesanos,
E a los símples ser discretos,
E los discrétos perfetos,
E a los grándes muy humanos.

E a los mas e mas potentes
Hago ser mas sojuzgados,
E a los mas acobardados
Ser valientes;
A los múdos elocuentes,
E a los mas botos e rudos
Ser agudos.
Mi poder haze y deshaze.
Hago más, cuando me place,
Los elocuentes ser mudos.
Hago de dos voluntades,
Una mesma voluntad:
Renuevo con novedad
Las edades,
E ajeno lás libertades.
Si quiero, pongo en concordia,
Y en discordia.
Mando lo bueno e lo malo.
Yo tengo el mando y el palo,
Cruëldad, misericordia.
Doy favor e disfavor
A quien yo quiero e me pago.
Yo castigo con halago,
Con dolor.
Doy esfuerzo, doy temor.
Yo soy dulce e amargoso,
Lastimoso;
E acarrëo pensamientos,
Doy placeres, doy tormentos.

Soy en tódo poderoso.
    Puedo tànto cuanto quiero :
No tengo par, ni segundo :
Tengo casi todo el mundo
Por entero
Por vasallo e prisionero.
Príncipes y Emperadores,
E Señores,
Perlados e no-perlados :
Tengo de todos estados,
Hasta los brutos Pastores.

ᴧᴧᴧᴧᴧᴧᴧᴧᴧᴧ

ESCENA SEGUNDA :

AMOR,   PELAYO.

PEL.—¡Ah garzou de bel mirar !
    ¿Quién te manda ser osado,
    Por aquí que es devedado,
    De cazar,
    Sin licencia demandar?
AMOR.—¡Modorro, bruto, pastor,
    Labrador,
    Simple, de poco saber !
    No me debes conoscer.
PEL. —¿Tú quién sós?
AMOR.—   Yo soy Amor.

PEL· —   ¿Amor que muerdes, o que?
         ¿O sóncas eres mortaja?
         No te deslindo migaja.
         Juraré
         Que tú sós quien yo no sé.
AMOR.—Pues calla, que tú sabrás
         E verás
         En aqueste dia de hoy
         Entera-mente quién soy;
         E aun que no te alabarás!
PEL· —   ¿Amenázasme, Zagal?
         O ¿qué es eso, que departes?
         Si presumes con tus artes
         ¡Juro a tál
         Que quizá que por tu mal..!
AMOR.—Calla, rústico, grosero,
         Ovejero :
         No te quieras igualar;
         Que en la tierra y en el mar
         Fago tódo cuanto quiero.
PEL· —   ¿Tómas, tómaste comigo?
         Medrarás, yo te seguro.
AMOR.—Eres un zafio maduro.
PEL· —   ¡Digo, digo !
         Sóncas que yo no soy higo.
AMOR.—Eres triste lacerado
         Tan cuytado,
         Que por tu poco valer
         Mas te querría perder,

Que tenerte a mi mandado.

Pel· — Harto mal e mal seria,
El mayor que nunca hú,
Cuando me tovieses tú
Solo un dia
A tu mandar e porfia.

Amor.—Pues ten por cierto de mí
Desde aquí,
Si te acontece ótra tal,
Yö haré que por tu mal
Quede memoria de tí.

Pel· — Tú ¿qué me puedes hacer?
Haz todo lo que pudieres;
Que segun lo que dijeres,
A mi ver;
Así te han de responder.

Amor.—¿Aun te quieres igualar
E parlar?
Cata que, si más me ensañas,
Te enclavaré las entrañas,
Para más te lastimar.

Pel· — Pues si mas yo me embotijo,
Mál por tí ¡por Sant Domingo!
Guarte, que si me descingo
Mi hondijo,
Fretirt'hé en la cholla un guijo!
Veämos tú con tu frecha
Muy perhecha
Si tirarás mas derecho

Contra el mas esento pecho, (*)
O por arte mas derecha.

AMOR.— Espera, espera, Pastor,
Que yo te daré el castigo ;
Porque te tomas comigo,
Don traydor,
Sabiendo que soy Amor.

PEL· —No daré un maravedí
¡Juro a mí!
Por tí, Zagal, ni dos cravos.
No me espanto yo de tí.

AMOR.— Aballa toste, no vagues,
Si quieres ir de aquí sano.

AMOR.—Pues toma agora, villano,
Porque amagues.
Pues que tàl haces, tál pagues. (**)

PEL· —¡Ay, ay, ay, que muerto soy!
¡Ay, uy, oy! (***)

AMOR.—Así, Don Villano vil,
Porque castiguen cien-mil
En tí, tal castigo doy.
Quédate agora, villano,
En ese suelo tendido,
De mi mano mal herido,
Señalado,
Para siempre lastimado.

_____

(*) *Este verso falta en todas las impresiones.*
(**) *Clávale el Amor una flecha.*
(***) *Decia sy, faltando al consonante.*

Yö haré que no fenezca,
Mas que crezca
Tu dolor, aunque reclames.
Yö haré que feö àmes,
Y hërmoso te parezca. (*)

〰〰〰〰〰

ESCENA TERCERA:

BRAS;   PELAYO.

BRAS.—   ¡Àh Pelayo!.. ¿qué bas habido!
Dime, dime: ¡asi te goces!
Que el reclamo de tus voces
Me ha trahído.
¿De qué estàs amodorrido?
Dí, di, di, Pelayo ¿qué has?
PEL· —¡ Ay, ay Bras!
Muy huerte mal es el mïo.
BRAS.—¿Si se te achacó de frïo?
PEL· —De frïo nó, mas de mas.
BRAS.—   Pues dime, dime ¿de qué?
Que bien sabes que me dan
Tus dolores gran afan.
PEL· —No podré.
BRAS.—Sí podrás.
PEL· —   Yo te diré.
Un garzon muy repicado
Y arrufado

_____

(*) *Vase.*

Vino por aquí a tirar.
Yo quisiérale prendar,
Y él háme muy mal tratado.

Bras.— ¿Qué te hïzo?

Pel: —   ¡Dios te praga!
Dióme con una saëta,
E hízome dentro secreta
Tan gran llaga;
Que ¡mia fe! no sé qué. häga.

Bras.—¿Tú no le podïas dar,
E matar?
¿Mas pudo que tú un mozuelo?

Pel· —¡Ah! caí luego en el suelo,
Ya que le iba yo a tirar.

Bras.— E ¿por dónde fué?

Pel· —   No sé.
Porque así como me dió,
Luego la pata aballó.
Tál quedé,
Que no ví por donde fué.
Presumïa tánto tánto,
Que era encanto.

Bras.—Quisiera que le mataras,
O que le despepitaras
Con un canto.
Sí ¡para Sant Hedro Santo!

Pel· — Paróse en quintas comigo.
Dijóme que era el Amor,
E dejóme tal dolor;

Que te digo
Que mi mal es buen testigo,

BRAS.—¿Con el Amor te tomabas?
Por qué dabas
Cozes contra el aguijon?
¿Con tan valiente garzon
Tú, Pelayo, peleäbas?
Muestra donde te firió.

PEL· —De dentro tengo mi mal;
Que de fuera no hay señal;
Que tiró,
Y en el corazon me dió.
¡Ay, ay, ay, que me desmayo!

BRAS.—¿Qué has, Pelayo?
Esfuerza, esfuerza ¡Dios praga!
Que tambien yo desa llaga
Herido el corazon trayo.

~~~~~~~~~~

ESCENA CUARTA:

JUANILLO, BRAS, PELAYO.

BRAS.—   Juanillo!
JUAN.—   ¿Qué?
BRAS.—   Muestr'acá,
Tu barril acá me saca,
Daca toste, daca, daca.
JUAN.—Toma allá.

BRAS.— ¿ Tienes agua?

JUAN.—   Sóncas hà.

BRAS .—Echame una poca aquí.

JUAN .—Pára ahí.

BRAS.—Muy poco galisto tienes.

          ¡Jesus, *autem entran sienes*!

          ¡Oh malogrado de tí!

           ¡ Malogrado, malogrado,

        ¡Qué poco que te llograste!

        ¡Contra l' (*) Amor te tomaste,

        Desdichado!

        Yo te doy por perpasado.

        ¡Cuytado de tí perdido,

        Dolorido!

JUAN.— Otëa, Bras.

           ¿Qué me dices?

JUAN.—Trábale de las narizes;

        Verémos si tien sentido.

BRAS.— Pues aun el pulso le bate.

JUAN.—¿Tú quieres que llame al Crego,

        O traya al Físico luego,

        Que lo cate,

        Ante que este mal le mate?

BRAS.—Todo ëso es por demas.

JUAN.—¿Por qué, Bras?

BRAS.—Porque los males de Amor

        Que crescen con disfavor,

_____

(*)*En la edicion de Zaragoza dice* con tal; *en la de Sa-*
lamanca con mal.

Nunca mejoran jamás.

JUAN.— Doy a rabia tan gran mal,
Que tiene tan mal remedio.

BRAS.— Tiene comienzo, e nó medio,
Ni final;
Qu' es un mal muy desigual,
Y en aquestos males tales,
Tan mortáles,
Mas quellotra un Palaciego,
Que nó Físico ni Crego,
Aunque saben de otros males.

~~~~~~~~~~~

ESCENA QUINTA:

ESCUDERO, *y dichos.*

Esc.— Decidme agora, Pastores,
¿Qué mál tiene este Pastor?

BRAS.—Tiene a la mi fe, Señor,
Mal de amores,
De muy chapados dolores.

Esc.—¡Eh! ¿burlays, o departis?
¿Qué decis?

BRAS.—Digo que no burlo, nó;
Que el Amor lo perhirió.

Esc.—E ¿amores acá sentis?

BRAS.— Sentimos mala-ventura
Hartas veces por Zagalas:

Los llatidos de sus galas
Y hermosura
Nos enconan en tristura.

Esc· —Y este triste sin sentido,
Tan vencido,
Tan preso, tan cativado
¿Por qué fué tan desdichado,
E de tanto mál ferido?

Bras.— ¡Mia fe! porque se tomaba
Con el Amor en porfía.

Esc· —¿Pensába que vencería?

Bras.—Sí pensaba.

Esc· —¡Mirá quién con quién lidiaba!

Bras.—¡A la fe! digo, Señor,
(Salvo honor
De vuestra huerte nobleza)
Fué gran locura e simpleza
Enfinjir contra el Amor.

Esc· — Pues aun si tú bien sopieses
A cuántos de gran valer
Ha vencido su poder,
E lo oyeses,
Yo juro que mas dijeses.

Bras.—Bien sé que al gran poderio
De amorío
Nadie puede resistir,
Aunque se pase a vívir
A tierra de señorío.

Esc· — ¡Óh, cuántos grandes Señores

Cuántos Sabios e discretos
Vemos que fueron subjetos
Por amores!

Bras. —¡Pues no decis de Pastores!

Esc· —Dicen que el sabio varon
Salamon
De amores vencido fué;
E David por Bersabé,
E por Dálida Sanson.

Bras.— E aun a mí me ha revolcado
El Amor malvado e ciego
Por la sobrina del Crego.
E al Jurado
Amor le trae acosado:
Y a Prábos trahe perdido
E aborrido
Por lä hija del Herrero:
E Sántos el Meseguero
Por Beneyta anda transido.

Esc· — E aquéste de aqueste suelo,
Qu' está mas muerto que vivo,
Dí ¿por quién está cativo
Sin consuelo?
Que de su dolor me duelo.
¿Por quién sufre tanto mál
Tan mortal?
Dígote que le hè mancilla.

Bras.—Asmo que por Marinilla,
La carilla de Pascual.

PEL. — ¡Ay, ay, ay, que aquésa es ella!
  Qu' el Amor cuando me dió,
  Llugo llugo me venció
  A querella.
  ¡Quién pudiese agora vella!
BRAS. —Pues calla, que sí verás.
PEL. —E tú, Bras,
  ¿Llevarme hás allá contigo?
BRAS. —Yo te llevaré comigo
  Desque allá fuere d' hoy mas.
  Mas mal de tales cordojos
  No sé por qué causa sëa;
  Qu' es una bisodia féa.
PEL. —Nó a mis ojos. (*)
BRAS. —Hora sigue tus antojos
  Que aficion es que te ciega.
  Tú sosiega,
  No desmayes con dolores;
  Que tambien yo por amores
  Ando a rabo de borrega.
PEL. — ¿Quién es aquese Señor,
  Qu' ende está?
BRAS.—   No sé su nombre.
  Es un galan Jentil-hombre.
ESC· —¡Ay Pastor!
  Hé dolor de tu dolor.
PEL. —Decí, Señor nobre e bueno,

_____

(*) *En las impresiones de* 1509 *y* 16 *en vez de a dice*
con.

Pues que peno,
 E vós sabrés deste mal,
 ¿Es mortal, o no es mortal?
 ¿Soy de vida, o soy ajeno?

Esc.— Mira bien, Pastor, e cata
 Qu' el Amor es de tal suerte
 Que de mil males de muerte
 Que nos trata,
 El peör es que no mata.
 ¡Dios nos guarde de su ïra!
 Mira, mira
 Qu' es Amor tan ciego e fiero,
 Que como el mal Ballestero,
 Dicen que a los suyos tira.

Pel.— Tira mas recio que un rayo.

Esc.—¿Cómo te llaman a tí?

Pel.—Pelayo.

Esc.— ¿Pelayo?

Pel.—   Sí.

Esc.—Dí, Pelayo,
 ¿Cómo quedas del desmayo?

Pel.—Quedo de sospiros ancho:
 Tánto ensancho,
 Que cuydo de reventar.

Bras.—Deja, déjalos botar;
 No se te cuajen 'n-el pancho.

Esc.— E nosotros sospirando
 Desvelamos nuestra pena.
 E tenémosla por buena

       K

Deseändo
Servir e morir amando.
Que no puede ser mas gloria
Ni victoria,
Por servicio de las Damas,
Que dejar vivas las famas
En la fe de su memoria.

BRAS.— ¡Mia fe! nosotros acá
Harto nos despepitamos;
Más no nos requebrajamos,
Como allá;
Que la fé de dentro está.

Esc.— Cierto, dentro està la fe;
Bien lo sé.
Más nuestros requiebros son
Las muestras del corazon;
Que no son a sin-porqué.

BRAS.— Ahótas que yo cantase
Por tu pracer con Juanillo
De amores un cantarcillo,
Si hallase
Ótro que nos ayudase.

PEL.— Canta, Bras; yo te lo ruego
Por Sant Pego.

Esc.— ¡Eh! cantad, cantad, Pastores;
Que para cantar de amores
Ayudaros hé yo luego.

VILLANCICO. (*)

Ninguno çierre las puertas,
Si Amor viniere a llamar;
Que no le ha de aprovechar.
   Al Amor obedezcamos
Con muy presta voluntad;
Pues es de necesidad,
De] fuerza virtud hagamos.
Al Amor no resistamos;
Nadie cierre a su llamar;—
Que no le ha de aprovechar.
   Amor amansa al mas fuerte
E al mas flaco fortalesce:|
Al que ménos le obedesce,
Mas le aqueja con su muerte
A su buena o mala suerte
Ninguno debe apuntar ;—
Que no le ha de aprovechar.
   Amor muda los estados,
Las vidas e condiciones,
Conforma los corazones
De los bien enamorados.
Resistir a sus cuydados
Nadie debe procurar;—
Que no le ha de aprovechar.

(*) *Acomodado á ésta de otra farsa.*

K:

Aquel fuerte del Amor
Que se pinta niño e ciego,
Hace al Pastor Palaciégo,
Y al Palaciégo Pastor.
Contra su pena e dolor
Ninguno debe lidiar ;—
Que no le ha de aprovechar.

El que es amor verdadero
Dispierta al enamorado,
Hace al medróso esforzado,
E muy polído al grosero.
Quien es de Amór prisionero,
No salga de su mandar ;—
Que no le ha de aprovechar.

El Amor con su poder
Tiene tal jurisdicion,
Que cativa el corazon
Sin poderse defender.
Nadie se debe asconder,
Si Amor viniere a llamar ;—
Que no le ha de aprovechar.

FIN.

«Farsa,

o cuasi Comedia,

Fecha por Lúcas Fernandez, *en la cual se introducen tres personas; conviene a saber: una* Doncella *y un* Pastor *y un* Caballero, *cuyos nombres ignoramos, e no los conocemos mas de en cuanto Naturaleza nos los muestra por la disposicion de sus personas.*»

ESCENA PRIMERA:

La Doncella, *a solas.*

Donc.— ¡Ay de mí triste! ¿Qné haré
Por aqueste oscuro valle?
¡Ay de mí! y ¿á dónde iré?
¿Dó buscaré
Al mi Señor, que le hälle?
Miro y miro, y no le vëo.
Cierto, la fortuna me es
Al reves,
Segun tárda a mi desëo.
  ¡Cuytada! no sé qué diga,
Ni qué pudiese yo hacer.
Fortuna me es enemiga,
  Y desabriga.
Ya mi gloria es padescer.

ESCENA SEGUNDA:

Doncella, Pastor.

Past·— ¿Qué andays, Señora, a buscar?
Donc·—¡Oh Pastorcico serrano!
    ¿Víste, hermano,
    Un Caballero pasar?
Past·— Y ¿qué cosa es Caballero?
    ¿Es algun huerte alimaña?
    O llobo rabaz muy fiero?
    O viñadero?
    O ës quizás musaraña?
Donc·—Es un hombre del palacio,
    De linda sangre y facion
    Y condicion.
Past·—Ño me marraba otro espacio!
Donc·— Di si lo viste, Pastor.
Past·—Dayle a rabia, y no cureys
    Ya mas dél; que muy mejor
    Con amor
    Y' os serviré, si quereys.
Donc·—No hay que quiera, si tú quieres
    Decir lo que te pregunto.
Past·—Bien barrunto
    Que soys llocas las mujeres.
Donc·— Dí si viste este Señor.
Past·—Múcho lo debeys querer.

Donc.—Cierto, mi entrañable amor
        Gran dolor
        Por él me hace padescer.
Past.—Y ¿tan huérte es de galan?
Donc.—Él es tal, que su figura
        Y hermosura
        Me da vida con afan.
            Él es mi bien y desëo.
        Y en él vive mi esperanza.
        Él es la gala y asëo,
        En que me vëo
        Con muy firme confianza.
Past.—Vos ño otëays bien mï hato.
        Ñunca vi yo tal, Zagala;
        Digo, en gala,
        Que ño me allegue al zapato.
            Pues ¿veys veys? aunque me veys
        Un poco braguibajuelo;
        A hótas que os espanteys,
        Si sabeys
        Cómo repico un mazuelo.
        A lä hé, a lä hé, a lä hé,
        ¡Juro a San!
        Que quizá os agradaré.
Donc.—   ¡Ay Pastor! no digas tal.
Past.—Y ¿por qué? ¿Ño soy buen mozo?
        Pues creëd que so el sayal
        Que aun hay al;
        Y agora me nasce el bozo.

Y tambien mudo los dientes ;
Són, tentayme este colmillo.
Ya me engrillo:
Por eso ech' acá las mientes.

Donc.— De ser, Zagal, tú entendido
Bien certificada estó,
Y Pastor (cierto) polido,
Y sabido.

Past.—Pues miray qué salto do.
Y solo por allegrar ;
Vuestra murria y gran tristura
Y jestadura,
El gaban quiero ahorrar.

Donc.—(*) Quien espera, desespera:
El que busca, anda perdido.
No hay muerte mas verdadera ,
Y mas entera,
Que vivir el aborrido.

Past.— ¡ Riedro vayas, Satanas!
¡Jesú! d' aquí me santigo,
Y me bendigo.
¡Par-dios! múcho os congojás.

Donc.— ¡ Óh muy noble Reyna Dido!
Ya ereö tu mala suerte,
Pues con dolor muy crescido
Y muy subido
Diste a tí misma la muerte.

Past.—Harto boba se hú ëlla

_____

(*)Aparte, enajenada.

En ella se a sí matar.
Debeys dejar
Esa grimosa querella.

Donc.— ¿Oh gran Dama CORONEL,
Corona de toda España,
Que con fuego muy cruël,
Por ser fiel,
Quemó a dos fuegos tu maña!
Tú diste fin a tu vida.
Ansí häré yo a la mïa;
Pues mi alegrïa
Del tódo va ya perdida.

Past.—Pues, no hagays sino mataros,
Y no podréys resolgar!
Gran pracer hé de miraros
Y otëaros;
Y vós ño quereys mirar.

Donc.—Con dolor de mis dolores
No te puedo (cierto) ver,
Ni entender;
Pues no vëo a mis amores.

Past.— Daldo, daldo a prigonar,
Y aborrí un maravedí;
Que ansi hogaño vine a hallar,
Sin tardar,
Una burra que perdí.

Donc.—Es es consejo grosero.
Past.—Procurá de lo encantar,
O encomendar;

O acodid al Mostrauquero.

Donc·— Hallar yo ya no podré
Alegrïa, màs pesar.
Gozo en peua mudaré,
Y terné
Por gran consuelo llorar.

Past·—Ayna ya dejayvos d' eso,
Y atravesà el ojo acá.

Donc·—Apart' allá,
No të hagas tan travieso.

Past·— Hora ¡par-dios! con pracer
Ya el ojo se me reguilla;
Y aun en vuestro parescer,
A mi ver,
Bien os quillotrays de villa.

Donc·—(*)¡Ay, si este sospiro oyese
El que yo ändo a buscar!-
Sin dudar,
Luégo mi mal fenesciese.

Past·— ¡Y veréys cómo os tornays
A donde teneys las mientes!
Y por mí no sospirays,
Ni penays.

Donc·—¡Ay Pastor! no me atormentes.

Past·—Pues yo ¡mi-fe! múcho os quiero;
Y aun veys sospiro por vos.
¡Ay Diós!
Que de cachondiez me muero!

(*) *Volviendo a su enajenacion.*

Donc.— ¡Óh, cuánta pena pasaste,
　　　　Margarona, por Ricardo!
　　　　¡Óh, cuánto te enajenaste,
　　　　Y transformaste!
　　　　¡Ay de mí! que así yo ärdo.

Past.— «*Arder, corazon, arder,*
　　　　Sin fenescer ni acabar,
　　　　Ni cesar:
　　　　Que no vos puedo valer. » (*)

Donc.— Dánes, hija de Penëo,
　　　　Mal te supe yo imitar;
　　　　Y el tu ältísimo asëo
　　　　Mi desëo
　　　　No le supo conservar.
　　　　Qualquier Dama, si no es necia,
　　　　Antes se debe matar,
　　　　Que no errar:
　　　　O muera como Lucrecia.

Past.— 　¿Cómo ño me respondeys
　　　　A cosa alguna que digo?
　　　　Ño me, ño me desdeñeys.
　　　　¿Por qué lo haceys?
　　　　¡Ignoraysme? Digo, digo!

Donc.— ¿Qué te tengo de decir?

Past.— Que me teneys ya cariño.

Donc.— ¡Oh, qué aliño
　　　　Para mi triste vivir!

Past.— 　Por quitaros de agonïa

───────────────

(*)*Cabeza de villancico antiguo.*

Tocar quiero el caramillo,
O haré sones de alegría
A porfía,
O diré algun cantarcillo.

DONC·—«*Nunca fué pena mayor*» (*)
Me canta por tono estraño;
Pues mi daño
Sobre tódos es mayor.

PAST·—¡Juri al mundo! gran quejivo
Vos acosa, y gran quejunbre.

DONC·—¡Ay, qu' es mi mal tan esquivo,
Y tan altivo ;
Qu' es de pasiones la cumbre.

PAST·—Llugo ¿peör que modorra
Debe de ser vuestro mal?

DONC·—Mas mortal
Es, pues no hay quien me socorra.

PAST·— Que yo vos socorreré.

DONC·—No peno por ti yo (cierto).

PAST· —Yo por vós sí, en buena fe;
Y aun os diré
Que me teneys medio muerto.
El amor que dice el otro,
Podemos éste decir,
Sin mentir,
"Yo por vos, vós por esotro."

DONC·— Y ¿hasta acá el Amor estiende
Su poder entre Pastores?

_____

(*)*Pie de una cancion antigua.*

Past.—¡Ay Señora! aquí nos prende,
Y nos ofende
Con mil ansias y dolores.
Hácenos mil sinsabores,
Y al triste Pastor que hiere,
Si no muere,
Siempre da grandes cramores.
    Quítanos los retentivos,
Róbanos los mamoriales,
Trae muertos los mas-vivos:
Muy cativos
Tray acá muchos Zagales.
Hasta al triste del Herrero
Le dió hogaño un batricajo
En un lavajo;
Que quedò medio lladero.
    Cátivanos los sentidos,
Sojuzga los pensamientos.
Andamos tristes, perdidos,
Desmaïdos
Con eongojosos tormentos.
Donc.—Sus tormentos no es posible
Que os den tan gran desosiego.
Past.—Con un huego
Ños quema muy perpejible.
    Y aun el Crego esta otoñada
De amor andaba aborrido
Por Juana la desposada:
Acosada

La trahïa el dolorido.

Donc·—Ya no hay cerro, ya no hay llano,
Ni castillo, ni montaña,
Ni cabaña,
Que Amor no tenga en su mano.

Past.— Los viejos aman las mozas,
Los mozos aman las viejas;
Por las breñas, por las brozas,
Por las chozas
Amor siembra sus consejas.
Hace ser lo hermoso fëo,
Y lo fëo ser hermoso.
El malicioso
Da al mas suyo mas desëo.

Y al mas suyo mas le mata,
(No entiendo aqueste amorïo);
Y al que le aballa 'la pata,
Mal le trata
Con castigo muy crudïo.
Y al pastor mas desastrado
Suele dar mayor ventura;
Y da tristura
Al Zagal mas perllotrado.

Donc·— Bien alcanzo a conoscer
Que desde oriente a poniente
Sojuzga su gran poder
El querer
De toda la humana jente.
Mas al linaje grosero

Bien creö que no castiga,
Ni hostiga
Tan recio, ni l' es tan fiero.

Past.— ¡Ay, ay, ay! no digays tal;
Que en mal punto os miré yo:
Que pecado venïal,
Ni mortal
Ñunca tal pena me dió.
Si no, ved teutadme aquí
Cuánto el corazon me llate,
Y me combate
Desde denántes que os ví.
    Tódo estó concallecido.
La intencion ¡triste! me duele:
La memoria y el sentido
He ya perdido:
La higaja se me desmuele:
Refriáseme la sangre,
Respelúncaseme el pelo.
Con gran duelo
Me toma frio y callambre.

Donc.— Sí; mas aunque padesceys,
(Cierto) fáltaos lo mejor;
Pues crïanza no teneys,
No podeys
Bien mostrar vuestro dolor.

Past.—Yo bien ancho y bien chapado
Estó, y relleno y gordo,
Bien milordo.

Asmo ño me habeys mirado.

Donc·— No está en eso el «bien crïado»

Past·—Pues ¿ en qué?

Donc·—   Ên ser cortés,
Y muy limpio y bien-hablado.
Y requebrado.

Past·—¿*Requiebro* qué cosa ẽs?
Requebrar y esperezar
Tódo debe de ser uno;
Y de consuno
Bozezar y sospirar.

Donc· —*Requiebro* es un sentimiento
Que en el jesto se aparesce,
Cuando estraño el pensamiento
Con tormento
Se transforma el que padesce:
Y olvidado, sin seutido,
Y contemplando en su amiga,
Su fatiga
Representa con jemido.
    Y así puedes entender
Qué cosa es el *requebrar*.

Past·—Ya lo asbondo a conoscer,
Y saber
El sospirar, sin dudar.

Donc·—Pastor, queda en hora buena.

Past·—¡Ahí veréys cómo os vays,
Y me dejays
En tan desllotrada pena!

Donc·— No me quieras más tener,
    Pastor, con tu razonar.

Past·—Mas vós me quered hacer
    Un pracer.
    Que n' os querays aballar.
    Aquí ös podeys estar
    Comigo en esta montaña.
    En mi cabaña,
    Si quereys, podeys morar.

Donc·— Ya no es para mí morada,
    Si no fuere de tristura;
    Ya mi gloria es acabada
    Y rematada:
    Mi cása la sepultura:
    De sollózos mi manjar:
    Mi bebér lágrimas vivas:
    Las esquivas
    Fieras me han de acompañar
    Mis cabellos crescerán,
    Y seráh mi vestidura.
    Mis pies se endurescerán,
    Y hollarán
    Por peñas y tierra dura.
    Los graznidos de las aves
    Con los gritos que daré,
    Gozaré
    Por cantos dulces suáves.
    De los osos su bramido
    Será ya mi melodía:

                    L

De los lobos ahuHidos
Muy crescidos
Será mi dulce armonïa.
Montes, montañas, boscajes
Secarse hán con mí pesar;
Y, sin dudar,
Espantaré a los salvajes.
　　Las fuentes dulces sabrosas
Darán agua de amargor:
Las flores y frescas rosas,
Olorosas,
No ternán color ni olor.
Y en señal de mi gran luto
Los verdes sotos y prados
Y cercados
Tendràn su frescor corruto.

Past·— ¿Qué retrónica pasays
Tan incrimpolada y fuerte?
Decid, ¿n' os despepitays
Y cansays?

Donc·—Presto dará fin mi muerte.
En ver mis tristes cuydados
Los nobles cuatro elementos
Con torméntos
Tódos seráu ponzoñados.
　　Quiero cumplir mi jornada.-
Queda a Dios, Pastor lozano.

Past·—N' os vays tan desconsolada.

Donc·—¡Ay cuytada,

Que tánto trabajé en vano!
Quien lä honra pierde y fama
Sin hallar lo que quisiera,
Muera, muera.
Past·—Esperá un poco, ñuestr' ama.
Vámonos a mi majada,
Que está en somo esta floresta.
Cuydo estays deshambriuada
Y aïnada
De aquesta cruda recuesta.
Daros hé priscos, bellotas,
Madroños, ñuezes, manzanas,
Y avellanas;
Y cantares hé mil ñotas.
Darvos hé bien sé yo qué,
Una pásara pintada,
Y un estornino os daré,
Y en buena fe
Una llebrata preñada.

ESCENA TERCERA:

DONCELLA, PASTOR, CABALLERO.

Cab·—¡Óh° Señora de mi vida!
Donc·—¡Óh mï alma y mi Señor!
Cab·—¡Óh mi amor!
¿Dónde estabádes perdida?
Past·—¡Que ñora mala vengays!
L:

(Y ansí vos lo digo yo)
Y decí ¿por qué os llegays,
Y tomays
La Zagala con que estó?

CAB.—¿Qué dices, Pastor grosero?

PAST.—Que me dejeys la Zagala
¡Nora mala!

CAB.—Aparta allá, majadero.

PAST.— Dejay la infantina estar,
Ño la sobajeys así.

CAB.—Algo me querrás llevar,
Sin dudar,
Ante que vamos de aquí.

PAST.—Asmo pensays, Palaciego,.
Que así me habeys de ultrajar,
Y espantar?
Ño lo penseys, Don rapiego.

CAB.— Don villano avillanado,
¿No quereys vós hoy callar?

PAST.—Don Idalgote pelado,
Llacerado,
Mas ¿ño me quereys dejar?

CAB.—¿Atreveys os, pues, quizá?

PAST.—Dejá, dejá la joyosa
Lagrimosa.
Ño la saqueys, quit' allà.

CAB.— ¡Óh qué jentil badajada!

PAST.—Desque trahés la melena
Hazcas que en guis muy pesdada

, Y carmenada,
Enfenjis ¡Dios ñora buena!...

CAB·— Pues sabeys si os arrebato,
Don bobazo, bobarron!

PAST·—¡Oistes el asnejon!
Pues peygayvos a mï hato.(*)

CAB·— Y ¿cómo lengna teneys?

DONC·—¡Santa Bríjida, Jesú!

CAB·— Asperá un poco, veréys.

PAST·—¿Qué me haréys?

CAB·— ¿Y äun hablays?

PAST·—   Pues ¿qué hú?

DONC·—Apart' allá.

PAST·—   Dejá llegue.

CAB·— ¡Óh hi de puta, albardan·!

PAST·—¡Juri a San Juan,
Si llegays, que vos la pegue!

CAB·— Tosco, hosco, melenudo,
Patudo, jetudo y brusco.

PAST·—Múchö enfenjis de agudo
Y muy sesudo.
¡Ah, ño praga a Dios convusco!

CAB·— Y aun hablas? di, Don villano.

PAST·—Y aun habro.

CAB·—   Pues, esperá.

DONC·—Apart' allá.—
Vete en paz agora, hermano.

CAB·— Si no por nö ensuciar

_____

(*) «Aquí da el Caballéro de espaldarazos al Pastor.»

En tu sangre vil mi mano,
Yo te hobiera hecho callar
Y aun no chistar.

Past·—Mucho estáys agora ufano.

Donc·—Anda, pastor; vete de hí.

Past·—Y veréys la xergirina,
    Y culebrina!
    Y ¿vós tambien contra mí?

Donc·—   ¡Por mi vida! Pastor, no.

Past·—N' os cale desemular.

Donc·—Cierto, contra tí no só.

Past·—Digo yo
    Que os fuera mejor hilar.
    Callá, que yo le diré
    A vuestro padre que os ví
    Anxó-anxí.
    Yo se llo rellataré.

Cab·—   Quédate con tu ganado,
    Pastor, guarda tus ovejas

Past·—Despues que l' habeys burlado
    Y engañado,
    Enxalmaysme las orejas.

Cab·—Que no debes de curar
    De aquesta noble Doncella.

Past·—Muero en vella.

Cab·—Hora quiere a Dios quedar.

Past·—   ¡Óh falso, barbimohino!
    ¡Y cómo que la engañó!
    ¡Ay triste de mí mezquino!

¡Que me fino!
¡Ay cuytado! muerto só.
¡Óh maldita mi ventura!

Cab·— ¡Áh Pastor , áh Pastor!

Past·—   ¡Áh!

Cab·— Ven acá ,
      Y desecha la tristura.

Past·— Ya no puedo yo dejar
      A duelo de tal manera.
      Mi vida será llorar
      Y lamentar
      Hasta el dia en que yo muera.

Cab·— Hora, Pastor ¡por tu fe!
      Desecha todo cuydado.

Past·—¡ Ay cuytado
      Ya yo , ya yo no podré.

Cab·— Pastor , no estés engañado ;
      Que muchö ántes de agora
      Hë andado enamorado,
      Y muy penado
      Por haber esta Señora.
      Y de hoy más no te dé pena.

Past·—Hora digo , Señor bueno,
      Que aunque peno ,
      Que la lleveys ñora buena.

Cab·— Desde aquí quedo, Pastor ,
      Muy presto para te honrar.

Past·—Yo tambien, mi buen Señor,
      A vuestro honor.

CAB.— Di di ¿quiéresnos mostrar
El camino por dó va?
PAST.— Sí ; y auu quiero llevantar
Un cantar.
CAB.— Pues ayna comienza ya.

VILLANCICO.

Pastorcico lastimado ,
Descordoja tus dolores.—
¡Ay Dios que muero de amores!
 ¿Cómo pudo tal dolencia
Lastimarte, di, Zagal ?
¿Cómo enamorado mal
Inficiona tu inocencia?
De Amor huye y su presencia:
No te engañen sus primores.—
¡Ay Dios, que muero de amores!
 Dime, dime, di, Pastor,
¿Cómo acá entr' estos boscajes,
Y entre estas bestias salvajes
Os cautiva el Dios de Amor?
¿Sus halagos, su furor
Siénten tambien Labradores?—
¡Ay Dios que muero de amores!
 ¡A la hé, juro a San Pego
(Habrando con revilencia)
¡Mia fe! grande pestilencia
Nos envia Amor de fuego.

Tambien nos da mal sosiego
Acá a los tristes Pastores,
Como en villa a los Señores.—
  Sí , mas eres muy chequito
Para sentir tú su llaga,—
A la mia fé, yo ¡Dios praga!
La sentí de pequeñito.
En la cuna oí su grito
•Prometiendome favores;
Y agora dame dolores.—
  · Dí ¿con quién te cautivó
Y te lastimó su espina?—
La hija de mi Madrina
Fué el anzuelo que me asió.
Con ella me percudió
Dándome mil sinsabores;
Y *ansí muero con amores.*
  No me aprovecha enxalmar ,
Ni curas , ni medicinas,
Ni las triacas mas finas
Me pueden desponzoñar.
Ni aun el Crego , sin dudar,
Físicos , Saludadores
Saben curar mis dolores.—
  Nö es mal que tiene cura;
Por eso ten gran paciencia.—
Como en mi mal no hay hemencia
¡Ay triste de mi ventura!—
Esfuerza con gran cordura

Nó te acaben tus dolores.—
¡Ay Dios que muero de amores!

No seäs tan congojoso,
Ni te ahogues en poca agua.—
¡Ay que ärdo en viva fragua
De fuego muy centelloso!—
Esfuerza ya, ten reposo,
Descordoja tus dolores —
¡Ay Dios que muero de amores!

Es Amor un mal amargo.
Mas que ruda y que torbisco;
Es red que lleva abarrisco
Todo el mundo sin embargo.
Es un muy pesado cargo
De pesares y dolores
Y de estraños disfavores.

¡Juri al mundo! es gran pasíon
Segun; triste! siento y vëo,
De un muy hambriento desëo,
El cuál mata el corazon.
Es centella de aficion,
Y dulzor con amargores
Y amargor con mil dolores.

OTRO VILLANCICO

del mesmo Acto.»

Tiene tanta fuerza Amor,
Que a cualquier qne se defiende,

O te mata, o hiere, o prende.

· Êl roba la voluntad
Con las fuerzas del desëo,
De la gracia y la beldad,
(*) La jentileza y asëo,
Con la pompa y el arrëo
De la Dama con que ofende : ─
El castiga, o hiere o prende.

    Siembra centellas de amor
A los ojos y aficion,
Y con llamas de dolor
Êl abrasa el corazon;
Da combate de pasíon
A cualquier que se defiende, ─
Hasta que le mata, o prende.

    Da congoja desigual
Con aquejados tormentos,
Con ansia mas que mortal
Combate los pensamientos.
Y éstos son los instrumentos,
Con que batalla y ofende, ─
Al triste que se defiende.

    Con dulce flajelo hiere
A los nuevos amadores;
Y si algunö huïr quiere,
Dale pasion dé dolores,
Do resciba disfavores.
Y al que ëscapar se entiende,

(*) *Decía De la belleza.*

Con mortal herida ofende.
  Por suyos nos sometamos
Debajo su poderïo,
Y por rehen le ofrezcamos
A nuestro libre - albedrïo:
Pues que a su gran señorïo
(*) Ningun poder se defiende ,—
Que no mata , o hiere , o prende.

(*) *Docta* Nadie.

DECLARACION
de los vocablos obscuros
de las Farsas.

Aballar = Mover, levantar.- *Aballarse* =
    irse.)

Afrito = Afanado. (De *affricto*, lat·)

Al = Algo, otra cosa.

Albardan = Truhan.

Anxó anxí = (Retruécano equivalente de)
    Así asá.

Arrufado = Arriscado a lo rufo, rufian, a
    lo jaque.

Asbondar = Alcanzar, ser bastante.

Aséo = Pureza, integridad virjinal.

Asmar = Pensar, imajinar, estimar (de
    aestimare lat·)

Aynado = Desperecido.

Batricajo = Golpe recio, caida.

Bisodia = Vision, estantigua.(*)

Bollo maymon = Biscochon. (Úsase todavía
    en Salamanca.)

Bordion = Trota-burdeles.

(*)*V. al fin la Nota 1ª.*

Botar, v· n·= Salir.

Buldero= *Bulero*, (Del lat· *bulla*, convertida la segunda *l* en *d*, como en *humilde* de *humille*).

Cadalnoche= Cada noche, todas. (A este tenor dice allá *cadaldía* en sus Trobas el ARCIPRESTE DE HITA.)

Cale= Vale, importa.

Caronal= Carnal, (jugando picaña-mente, del vocablo *carona*).

Castigar, v·n· = Escarmentar.

Consuno (*De*)=Junta-mente.

Convusco=Con vos.(Del barbarismo lat. *cum-vobiscum*, como *contigo* de *cum-te-cum*.)

Cordojo= Angustia del corazon.

Costumero= En algunas relijiones antiguamente el encargado del ritual del refectorio. De donde «en el gobierno económico de la Compañía de Jesus en Portugal» dice el P·BLIUTÓ en su *Vocabulario Portugues* que se llamaba así un «cuaderno, donde estaba anotada la calidad de los antes y platos ecstraordinarios, que se habían de dar en el refetorio segun la solemnidad de las fiestas y Santos del año.»

Crego= Clérigo, Cura.

Crudío= Mui crudo, cruël.

Cuydar= Pensar. (De *cogitare* lat·)

Departir= Hablar de veras.

Descingo= Desciño. (Presente del verbo ant. *descenir*, como de *venir vengo*.)

Descordojar= Quitar el cordojo (V·*Cordojo*): aliviar la pena.

Deshambrinado= Desfallecido de hambre·

Desllotrado= (*Desaquellado*, vulg)· Desazonado.— Descomunal.

Devína =Adivina. (Voz rústica.)

Do =Doi.

Duecho= Ducho, acostumbrado. (De *ducto* lat·*guiado, llevado*, parejo de *docto*; como lo son los radicales latinos *ducere* y *docere*, y respectiva-mente sus derivados *doctor* y *ductor*, etc·)

Echa-cuervo =Agorero y «el que con embelecos engaña a los simples para vender sus yerbas y otras cosas, que dicen tener grandes virtudes.»— Çovarrubias.

Ende= Ahí.

Enfenjir= Presumir, blasonar.

Engrillarse= Engrifarse, alegrarse, enamoricarse.

Esforzar, v·n·= Esforzarse, cobrar brio.

Enxalmar= Ensalmar, encantar.

Físico= Médico.

vela de Sálas-Barbadillo «*El sutil Cordobes Pedro de Urdemálas.*»

Pendado= Peinado.

Per= Aposicion que a los adjetivos les daba forma y fuerza de superlacion: así de *hecho* se dijo *perhecho* (=*perfecto* u *perfacto* lat·) estö es, mui-hecho, *re*-hecho. A los verbos les daba tambien fuerza ponderativa: v·g· *perherir*= herir recio, fuerte.

Percundir= Aflijir, aquejar.

Perllotrado=(*Mui-aquellado*) Repulido.

Perpasado= Traspasado, atravesado de parte a parte.

Perpejible= Mui intenso.

Prábos= Páblos, Pablo.

Quillotrar= (Como *aquellar* vulg· usado cuando no se acierta, o no quiere decirse el verbo propio : cual decimos *el aquel* o *aquello* por el nombre de la cosa. *Quellotro* es *aquello-otro*; y de allí decían *llotro* y *llotrarse*, cuando ignorabau el vocablo:» dice el Dr· Rosal, sabio Cordobes, en el Diccion· de la Lengua Cast· que el año de 1601 tenía ya con las competentes licencias a puato de imprimirse.) Apañar, perjeñar. — *Quillotrarse* = alegrarse, enamoricarse. (" *Bien os quillo-trays de villa* " = Os requebrais a lo fino, a lo señor, a lo cortesano.)

Quejivo = Quejijo, pena, dolor, grave.

Rabaz = Rapaz.

Recaldar = (Vocablo corrompído a la rústica de) *Recaudar*.

Reguillar el ojo, los ojos = Reguilar, alegrar. (Provincial de Salamanca.)

Rapiego = Arrapiezo, mequetrefe.

Repicado = Repulido.

Resolgar = Resollar.

Retrónica = Retórica, parladillo. (Vocablo corrupto del Vulgo).

Retentivos, pl· = Sentido, potencias.

Ser = Ecsistir, haber.

Somo (*En*) = Encima.

Son, conj· = Sino.

Sóncas = En verdad : quizá.

Toste = Presto.

Transido = Traspasado de dolor.

Tristoño — Horrible-mente triste. (Es vocablo portugues.)

Xergirina = Cuasi *xerguirina*, o *xerguerina*: estö es, *sirguerilla* o *jilguerilla* por bachillera.

M: ·

NOTAS.

(1ª) Al sonsonete rudo de aquellas palabras latinas del *Páter-nóster* « da *nobis
hodie* " se ha hecho la palabra castellana
bisodia; como de „ in die*bus illis* " *busilis*,
y de otros tales latinajos de Breviario
otros tales y tamaños barbarismos. ¡ Tan
eventuales y ecstrambóticos suelen ser los
oríjenes de muchas voces del nuestro y de
todos los Diccionarios!

El Protonario JUAN REMIREZ DE LUCENA,
que en el reinado de los Reyes Católicos
se granjeó gran renombre con su pluma,
no ménos por su libro *De vita beata*, impreso la primera vez en Zamora por los
años de 1483, que posterior-mente por
su atrevida y célebre *Carta* a los dichos
Reí y Reina ecshortándoles a que les fuesen a la mano a los Inquisidores en su
rigor, ocasion de desahogar después
contrā él su amargo zelo el Dr· ALONSO
ORTIZ en el 5·º de sus *Cinco tratados,*

impresos en Sevilla 1493; — este famoso LUCENA, digo, escribió otra *Carta* (ignorada jeneral-mente de los Bibli ógrafos) al Notario Rejio Secreto de los mismos Reyes *Fernand Álvarez Zapata* alentándole en ella al estudio del Latín ; la cuál ecsiste MS· entre los restos venerables de la selecta Biblioteca Colombi na, que se guardan en la rica y esmerada de la Catedral de Sevilla. Está de letra del siglo XV. ,con este título, puesto de puño del mismo D· FEENANDO COLON , « *Epístola ecshortatoria a las Letras :* " y en ella a vuelta de otras peregrinidades se lee el pasaje siguiente, ilustrativo del étimon de *bisodia.*

«El saber es el cabo de la perfeccion·, y su comienzo las Letras ... Gramática no quiere mas decir que letras compuestas ; comienzan sus preceptos ... y por ende por ser vós Gramático, non penseys vós por eso ser Sabidor. Llámalos el Vulgo *Letrados »* (=*Literatos*) « nón porque sepan las letras, más porque han de saber lo que se escribe con ellas.

Solíanlos llamar *Sapientes* hasta los tiempos de Sócrates, que preguntado de

un Príncipe ¿de qué profesion era? como
quiera que era habido en Grecia por inventor del saber; paresciéndole ser a-
rrogancia llamarse Sapiente, se dijo *Filósofo.*

Marabillado el Príncipe del nuevo vocablo, y féchojelo interpretar, como
entendió que Filósofo quería decir « a-
mador del saber, » conosció que aquél
era Sócrates, y veneróle.— De allí acá
los llamamos Filósofos.

Por esta etimolojía soys vós ya ántes
Filósofo que Gramático; pues amando
el saber, tomays la Gramática por vuestra primera nudriza: de la cuál ablactado,
ya que sepays andar y hablar, podays por
vós mesmo tomar lengua de ïr a bus-
carlo: ca *solo Latin non es mas saber,
que saber otra lengua*(*): lo cuál non sola-mente los homnes, que aun las aves
lo saben; papagayos, cuervos, picas, tor-
dos, malvizes, lineruelos, y todas las
aves que tienen lenguas redondas, ha-
blarán Latin, y aun Greco, si les mues-
tran »(enseñan).« Pasando el César Au-

___

(*)*A la Renota:*

gusto, lo saludó un cuervo enseñado:
«¡*Salve, Auguste Cæsar, semper invicte!
Salve!*» Yo, por cierto, crié un cuervo
que, entre muchas Latinas oraciones que
hablaba, sintiéndome entrar por casa,
a altas vozes decía: «*Magister meus venit.
Ecce, jam venit.*» No lo dijera nadi mas
el egante. (*)

Pues luego, si otro saber que Latin
nos hace diferenciar de las bestias, a-
quél debemos tódos amar.»

Mas «el que Latin non sabe, asno
se debe llamar de dos pies. Sí : ¡harre!
que voy detras... ¡Hi! xo, que t' estrego!
Oyen las Sacras Escrituras, y non las
entienden, ni sienten »(conocen)« si habla Dios, o si habla el Diablo. Ni roz-
nan, ni rezan: ni ellos se entienden,
ni yo entiendo que Dios los entiende;
porque Dios entiende la habla del corazon, que es úna a todos los homnes:

_____

(*)*Cosa singular es que despues de tantos esfuerzos,
y al cabo de tantos siglos, como afanaba el hombre
por enseñar (y enseñaba) a las bestias a hablar,
a nadie le ocurriese el enseñar a hablar al hombre
mudo de nacimiento, hasta que un Español lo pen-
só y ejecutó por los años de 1540 y tantos !!!*

tódos hablamos en la voluntad, (en el corazon, en la mente) un lenguaje, y nó mas, por el cuál entendemos a nós mesmos. Este entiende Dios..: el de los labios fué hallado para quë únos ä ótros nos entendamos. Pues si el corazon destos non entiende lo que dicen sus labios; síguese luégo que Dios tampoco los entiende.

Una mi hermana, gran rezadora, leyendo aquel salmo de la Pasion *Deus, Deus meus, réspice,* cuando venía al verso *Foderunt manus meas* pasaba sin lo leer. Sentilo un dia, y díjele: «Hermana, un verso os trasportays.» Respondióme: «Id al Diablo con vuestro verso a las del palacio (*), que tienen polutas las manos, en su sentido pensando que aquel verso era contra la polucion de las manos.

Preguntóme uno ¿quién eran *Santo Ficeto* y *Doña Bisodia*, que se nombran en el *Páter-nóster*?- respondíle que *Doña Bisodia* era el asna de Cristo, y Santo

_____

(*) *Ecspresion proverbial de aquel tiempo. Entónces debian de ser acá los palacios, como allá en Paris es hoi el Palais-Royal.*

Ficéto el pollino. Son cosas éstas muy de reir a nosotros, y ä ellos muy mas de llorar.» -

(*Bibl· Colomb·* BB, 145,5.)

(2). Así en el romance viejo de Doña Urraca, impreso suelto varias veces en Gótico, y después en el rarísimo *Romancero* que (¡DURAN sea sordo!) sirvió # de tipo al famoso de Ambéres, «*impreso en Zaragoza por Estévan G· de Nájera año de* 1550 » en 12º, estampas, letra gótica, se dice en labios de la Infanta:

«Morir vos querédes, padre;
(¡Sant Miguel vos haya el alma!)
Mandastes las vuestras tierras
A quien se vos antojara:
A Don Sancho ä Castilla,
Castilla la bien nombrada;
A Don Alonso a Leön,
E a Don García a Vizcaya.
E a mí por que soy mujer,
Dejaysme desheredada.
Irm' hé yo por esas tierras,
Como una *mujer errada:*
Y este mi cuerpo daría
A quien bien se me antojara;
A los Moros por dinero,
E a los Cristianos de gracia...»

*Duran se dejo dezir en el º · · del Rom.ᵉ
qᵉ improviso años pasados qᵉ ª·os Romances
ano.·· mantuvieron inᵉ··· · · ª qᵉ ·· imprimió ··· por 1ª ·· ª ·· · · Rom.ᵉ de Ambéres.

A cuyo propósito el picaño Quevedo
rompe de rasgo ecsclamando así en uno
de sus saladísimos Romances:

«¡A los Moros por dinero,
Y a los Cristianos de balde!!—
¿Dónde vive esa mujer?
Dígasmelo tú, el Romance. »

RENOTA.

———

Dos hombres ecstraordinarios han reproducido, siglo y medio despues, este agudo pensamiento de nuestro Remirez de Lucena: el uno, Español, Lope de Vega, en las *Rimas* jocosas que publicó el año de 1634 bajo el nombre del Maéstro Burguíllos, donde burlándose de la pedantería de los meros Latinos y Grecistas dice:

« *Si a la* Lengua *la* Ciencia *no acompaña,*
Lo mismo es saber Griego, *que* Gallego. »

El ótro semi-español, Italiano, el célebre y desgraciado Campanela; del cual, ya setenton, refujiado en Francia, despues de 27 años de prisiones en su patria por el Santo-oficio, en « *La Fortune des gens de qualité, par Mr· de* Cailliere », impreso en Paris por los años de 1668, dice este culto Frances: « Por tres razones me decía un grande hombre de nuestro siglo (T· Campanela) que en su concepto aprovechamos en el saber los Modernos ménos que los Antiguos: la primera, porque aburrimos la flor de la vida en el estudio de los rudimentos del *Griego* y del *Latin, que no son ciencias,* sino unos tiranuelos que nos antecojen los entendimientos para ahuyentar de ellos la ciencia. La segunda, porque leemos mucho; y la tercera, porque reflecsionamos poco.»

La fortuna de la Lengua Latina es un fenómeno ecstraordinario en la historia de los idiomas: siglos ha ya que el Pueblo Latino murió; y su Lengua vive, y segun las señas vivirá todavía siglos de siglos. Este don estraño de vida perdurable se debe en mi opinion a dos circunstancias: la primera, haberse hecho el Latin la Lengua de Dios adoptándole por su idioma santo la Iglesia Romana (y adoptada, y dotada para muchos siglos, la Iglesia por los Emperadores y Príncipes temporales.) La segunda, el haberse hecho órgano de las Ciencias, y lenguaje comun de los Sabios de Europa, desusando éstos por muchos siglos en materias científicas el suyo propio. Por supuesto, lö úno y lö ótro presupone que el enseñar y el aprender Latin vale dinero, con el cuál tódo se perpetuä: aquello con que el hombre gana la vida, (séase ëllo tuerto, u derecho) tiene segúro de vida para muchos años.

Al renacimiento de la Literatura Clásica en España a fines del siglo XV, hizo la

inmortal Reina D.ª Isabel con su ejemplo gala entre los Cortesanos el estudio del Latin :
para que sus hijas le aprendiesen, se puso
a estudiarle S. M: Precioso está sobre esto un pasaje de la *Epístola de Lucena*, que
no puedo ménos de transcribir aquí.

« Non busquemos » (dice) « ajenos testigos de oídas : tomemos de vista los nuestros. Alonso de Aragon , Rey de Italia , por
hablar sin Trujaman con Frederico Empe-
radór viejo, la » (Gramática lat·) « aprendió.
Su Gran-senescal, en mayor edat que agora vos , imitó a su Señor.... »

Mas «callemos de todos, tódos callemos
ante la muy resplandeciente Diana, Reyna
nuéstra Isabel, casada, madre, Reyna (y tan
grande!!) asentando nuestros reales, orde-
nando nuestras batallas, oyendo nuestras
querellas, nuestros juicios formando, in-
ventando vestires, pompas hallando, escu-
chando Muséos, coreas mirando, rodeando
sus regnos, andando-andando y nunca parando, Gramática oyendo se recréa. ¡Óh
injenio del Cielo, armado en la tierra!
¡Óh corazon de varon, vestido dë hembra!
¡Ejemplo de todas las Reynas, de todas
las mujeres dechado, y de todos los hombres materia de Letras!¿ Quién tan torpe
tan rudo, que no las aprende?..

« Honor pare Artes, y a tódos enciende al studio la gloria. ¿ Non védes cuántos comienzan aprender, admirando su Realeza? Lo que los Reyes hacen, bueno o malo, tódos ensayamos de hacer: si es bueno, por aplacer a nós mesmos; y si malo, por aplacer ä ellos. Jugaba el Rey; éramos tódos tahures: studia la Reyna, somos agora Studiantes. Y si vós me confesays lo cierto, es cierto que su studio es causa del vuestro, o sea por agradarla, o sea porque os agrada, o por envidia de los que han comenzado a seguirla. Ello sea, y sea porque se sea.«

Esto era entónces; ahora en el punto de caramelo que hoi están las costumbres y la ilustracion en España, en un Español el no saber Latin se nota como una falta absoluta de educacion; y en un Literato arguye nada ménos sino que no lö es, pues carece de estudios clásicos y académicos. El Latin es una llave mäestra, con que se abren los mas ricos tesoros del saber humano. Y en efecto ¿ qué es la mas rica Biblioteca para un Literato que ignora el Latin, sino por la mayor parte un rimero de balones de papel berrendo, un tesoro encantado?

Sin embargo, ahora fresquito acaba de entrar, de un bolazo por truco älto, de Bibliotecario en la Real de esta Corte un favorito del Poder campante que ni Latin sabe. Desojándose parece que está el triste para aprenderle; y aun diz que lo ha tomado tan a pechos, que en los meses que han corrido desde que le bajó de lö alto la gracia grátis-data del nombramiento, ha llegado a barbear ya hasta la Puente de los Asnos. A este compas puede cantársele aquello del *Romancero*

«Ya empieza a deletreär
Perico el de el Bachiller,
Pero en sabiendo leer,
Jura que ha de predicar.»

Es una bendicion de Dios cómo está de lucida la Biblioteca Real desde que un Puerco de Epieuro, hozando en un rincon de Galicia, nos descubrió el diamante solitario que hoi más en ella brilla. ¡Qué perlas se le van engastando! DURAN, Bibliotecario primero, el cuál para hacer un Catálogo de los MS· que hace que hace dos años ha, se ha puesto a aprender a leer Letra antigua! BRETON, Bibliotecario segundo, que si no se le corta la carrera, o se le acorta la vista de tanto estudiar, va a ser *El Latino de repente* de PALMIRENO!

Varela.

Patiño

Pero una circunstancia salta aquí a los ojos. Este flamante Bibliotecario, por desgracia irreparable (si Santa Lucía no hace un milagro de los que no suele) tiene un ojo ménos; y a su dignísimo compañero le falta el oído: de forma que no parece sino que la Biblioteca Real bajo la direccion del insigne Abate PATIÑO va convirtiéndose en un Cuartel de Inválidos; o digámosla, como llama D· FRANCISCO MANUEL DE MELO al mas injenioso de sus libros, *El Hospital de las Letras.*

B·J· GALLARDO.

AVISO.

Este papel, por ser en tódo libre, no es-
tará en su publicacion sujeto a período fi-
jo: es decir, que no será periódico: saldrá
por números sueltos, en 8.º, de sobre 50 pá-
jinas (mas o ménos, segun lo que arrojen
de sí los discursos; que éste no ha de ser el
lecho de Procusto).

Se abre por ahora

SUSCRIPCION A 12 NUMEROS

(su precio 32 reales)

En Madrid *librerías de* Sanchez *y de* Ra-
zola, Badajoz *viuda de* Carrillo, Barcelona
Bergnes, Cadiz Hortal, Córdoba Mantè, Gra-
nada Sanz, Málaga *viuda de* Aguilar: Oviedo
G. Longoria, Salamanca Blanco, Santander
Otero, Santiago *viuda de* Compañel, Sevi-
lla M. Caro, Toledo Hernandez, Valencia
Navarro, *y* Zaragoza Yagüe.

Lightning Source UK Ltd.
Milton Keynes UK
UKOW05f0657070817
306823UK00005B/249/P